FRANKFURTER BIBLIOTHEKS

BERND ZEGOWITZ

Friedrich Nicolas Manskopf

Weinhändler
Musikaliensammler
Museumsdirektor

KLOSTERMANN · FRANKFURT AM MAIN

Bibliographische Information der Deutschen Nationalbibliothek
Die Deutsche Nationalbibliothek verzeichnet diese Publikation in der
Deutschen Nationalbibliographie; detaillierte bibliographische Daten
sind im Internet über *http://dnb.dnb.de* abrufbar.

Frankfurter Bibliotheksschriften Band 19
Herausgegeben von den Freunden der Universitätsbibliothek
Frankfurt am Main e. V.

© 2019 Freunde der Universitätsbibliothek Frankfurt am Main e. V.
Druck und Bindung: docupoint GmbH, Barleben
ISBN 978-3-465-01328-0
ISSN 1612-7714

Inhalt

Geleitwort

Am 25. April 2019 jährte sich zum 150. Mal der Geburtstag von Friedrich Nicolas Manskopf (1869-1928), der im kulturellen Leben der Stadt Frankfurt am Main eine bedeutende Rolle spielte. Er war von Beruf Weinhändler, widmete jedoch seine Energie und sein Geld zeit seines Lebens vor allem der Musik und dem Theater. Schon als Schüler begann er, in großem Umfang Bild-, Text- und Notendokumente sowie museale Gegenstände aus diesen Gebieten zu sammeln. Seine Sammlung war zusammen mit dem Musée de l'Opéra (Paris) Ende des 19. Jahrhunderts eine der ersten öffentlich zugänglichen Spezialsammlungen für Musik und Theater in Europa. Zum Vergleich: Das Deutsche Museum (München) mit seiner Musikinstrumentensammlung wurde 1903, das Deutsche Theatermuseum München 1910 gegründet.

Schon bald nach seiner Ausbildungszeit im Ausland stellte Manskopf die Sammlung der Öffentlichkeit zur Verfügung, dauerhaft in seinen privaten Museumsräumen in Frankfurt am Main, außerdem als Leihgaben für Ausstellungen im In- und Ausland. Das Museum erlangte wegen seiner Fülle und Vielfalt spätestens ab 1900 internationalen Ruhm.

Die Sammlung wurde von Manskopf bis zu seinem Tode erweitert und betreut. Seine Erben überließen sie als Schenkung der Stadt Frankfurt, die sie bis zum Ausbruch des Zweiten Weltkrieges in den Räumen der Rothschildschen Bibliothek am Untermainkai 14 weiter pflegte. Die Raumnot nach dem Kriege führte dazu, dass das Museum in die Stadt- und Universitätsbibliothek verlegt und dort als Archiv weitergeführt wurde. Es bildet zusammen mit den Musik- und Theaterbeständen der Rothschildschen Bibliothek und der Frankfurter Stadtbibliothek das Fundament und den historischen Kernbestand der 1947 neu gegründeten Musik- und Theaterabteilung.

Es freut mich, dass Professor Dr. Bernd Zegowitz mit dem Vorschlag auf die Gesellschaft der Freunde der Universitätsbibliothek zukam, eine Monographie über Friedrich Nicolas Manskopf zu verfassen. Er konnte sich dabei nicht nur auf die Dokumente in der Universitätsbibliothek Johann Christian Senckenberg beziehen, sondern auch auf Archivmaterialien aus dem Institut für Stadtgeschichte; zudem bezog er digital vorliegende zeitgenössische Zeitschriften als Quellenmaterial mit ein. Mit dieser Publikation wird nicht nur Manskopfs Sammeltätigkeit beleuchtet, sondern auch seine kulturpolitische und journalistische Arbeit gewürdigt. Dadurch ist sie eine wertvolle und sinnvolle Ergänzung des bisher zum Thema erschienenen Schrifttums.

Viel Freude bei der Lektüre!

Ann Kersting-Meuleman
Leiterin der Sammlung Musik, Theater

Einleitung

Spuren der Familie Manskopf sind in Frankfurt leicht zu finden: die sogenannte Villa Manskopf in Niederrad, der Herkules-Brunnen im Römerhöfchen, dessen Aufstellung die Manskopfs finanzierten, oder das Opernhaus, die heutige Alte Oper, für deren Errichtung sie im Jahr 1869 Geld spendeten. Und es gibt einen Sekt, der noch den Namen der Familie trägt, aus dem Rheingau kommt und in einer Frankfurter Weinhandlung verkauft wird.

Friedrich Nicolas Manskopf ist dagegen kaum sichtbar. Immerhin: Es gibt eine Manskopf-Straße in Bockenheim, in der Nähe des Messegeländes, die die Braunfels- mit der Funckstraße verbindet. Das Geburtshaus Manskopfs in der Hochstraße 22 aber hat den Zweiten Weltkrieg nicht überstanden. Das Haus am Untermainkai 54, in dem Friedrich Nicolas zuletzt wohnte und in das seine Eltern 1893 gezogen waren, musste dem ,Hotel Intercontinental' weichen und wurde 1960 abgerissen. Den Wohnsitz in der Wiesenhüttenstraße 18 gibt es ebenso wenig wie das Haus am Untermainkai 27.

Wir müssen also tiefer graben: Die Suche nach Friedrich Nicolas in der digitalen Stadtchronik des Instituts für Stadtgeschichte ergibt acht Treffer. Der Eintrag für den 2. Juli 1928 lautet:

Tod des Weinhändlers und Gründers des ,Musikhistorischen Museums', Friedrich Nicolas Manskopf (1869–1928), Organisator zahlreicher musikhistorischer Ausstellungen – zuletzt 1928 anlässlich des 100jährigen Jubiläums des Frankfurter Liederkranzes und des 90jährigen Jubiläums der Mozart-Stiftung. Seine umfängliche Musikaliensammlung gelangt als Schenkung an die Stadt Frankfurt am Main.[1]

---

[1] https://www.stadtgeschichte-ffm.de/de/info-und-service/frankfurter-geschichte/stadtchronik (13. August 2019).

Am 2. Juli 1953 legt die Stadtverwaltung an seiner Grabstätte auf dem Hauptfriedhof einen Kranz mit Schleife nieder, das ist der Stadtchronik ebenso zu entnehmen wie der Hinweis auf eine Ausstellung mit dem Titel „Friedrich Nicolas Manskopf (1869–1928)", die aus Anlass des 50. Todestages des Frankfurter Sammlers vom 31. August bis zum 6. Oktober 1978 in der Stadt- und Universitätsbibliothek stattfand.[2] Im Vorwort zum Ausstellungskatalog schreiben Hilmar Hoffmann und Klaus-Dieter Lehmann, die „Manskopfsche Stiftung" habe „erheblich dazu beigetragen, daß die historischen Musikbestände dieser Bibliothek nach den Staatsbibliotheken in Berlin und München zu den umfangreichsten wissenschaftlichen Sammlungen in Deutschland gehören".[3]

Präsent ist Friedrich Nicolas in Frankfurt also vor allem durch seine in die heutige Universitätsbibliothek integrierte Sammlung, die Theater- und Konzertprogrammhefte, Konzert- und Theaterplakate, Opernlibretti des 18.–20. Jahrhunderts, Ölgemälde, Memorabilien, Musikhandschriften, Musikdrucke, Briefautographen von Musikern und Schauspielern sowie Porträts umfasst. Mittlerweile ist sie teilweise digitalisiert, teilweise über Zettelkataloge zugänglich.

Doch Friedrich Nicolas Manskopf war mehr als ein Sammler, wenn seine Sammlung auch das bedeutendste Zeugnis ist, das er hinterlassen hat. Manskopf war in seinen frühen Jahren, als er zur kaufmännischen Ausbildung nach Lyon, London und Paris geschickt wurde, Berichterstatter für verschiedene musikalische Zeitschriften; zurück in Frankfurt war er ein kulturpolitisch engagierter Bürger, der sich immer wieder zu Wort meldete, der Eingaben an den Magistrat verfasste, sich einmischte; er war aber auch ein Ausstellungsmacher, der in politisch aufgeladenen Zeiten Brücken zwischen Frankreich, England und Deutschland baute, indem er französische und englische Komponisten ins Zentrum seiner Ausstellungen

[2] Vgl. Manskopf (1978).
[3] Hoffmann / Lehmann (1978), S. 5.

rückte und sich dadurch als ein früher Europäer positionierte. Mit seinem ambitioniertesten Projekt allerdings, in Frankfurt mit seinen Beständen ein ausschließlich dem Komponisten Richard Strauss gewidmetes Museum zu eröffnen, scheiterte Manskopf bzw. er verstarb darüber.

In dem vorliegenden Band soll einmal nicht der Sammler Manskopf im Zentrum stehen, auch wenn die Sammlung bzw. sein musikhistorisches Museum vorgestellt werden, sondern vielmehr der Journalist, Kulturpolitiker und besonders der Ausstellungsmacher. Aber auch die Familiengeschichte der Manskopfs wird in den Blick genommen, ebenso die Geschichte der Sammlung nach Manskopfs Tod, denn beide vervollständigen das Porträt eines Mannes, der durch seinen Weinhandel fest in der Tradition der Familie verankert war, mit seiner Sammelleidenschaft diese aber verließ und ganz eigene Wege ging.

Friedrich Nicolas Manskopf in den Räumen seines musikhistorischen Museums. Rechts die Büste von Clara Schumann

Die Familie Manskopf in Frankfurt

Die aus Siegen stammende Familie Manskopf ist seit 1728 in Frankfurt am Main nachgewiesen. In diesem Jahr nämlich trat Wilhelm Heinrich Manskopf (1704–1772) in die Manufakturwarenhandlung von Johann Georg Leerse (1691–1762) ein,[1] übernahm sie 1741 und etablierte sich endgültig in Frankfurt durch die Heirat mit Johanna Maria de Neufville (1712–1787). Deren drei Söhne wiederum heirateten alle in die Familien Gontard und Sarasin ein und Johann Nicolaus (1749–1810), der eigentlich in englischen Wollwaren und Aachener Tüchern machte, gründete 1795 eine eigene Weinhandlung, die sich unter dem Namen „Manskopf-Sarasin" zu einer der führenden Weinhandlungen Frankfurts entwickelte, bis 1902 bestand und Niederlassungen in Europa, Nordamerika und Asien hatte.

Im Jahr 1773 erwarb er das Haus Lichtenstein am Römerberg, wurde kurfürstlich-kurpfälzischer Hofrat und königlich-preußischer Geheimrat, feierte prunkvolle Feste, zu denen preußische Prinzen eingeladen waren, und hinterließ bei seinem Tod das beträchtliche Vermögen von 204.678 Reichstalern.[2]

---

[1] Ein Porträt Johann Georg Leerses, gemalt von Jean-Marc Nattier (1691–1762), befindet sich in der Sammlung des Frankfurter Städels. Vgl. https://sammlung.staedelmuseum.de/de/werk/bildnis-des-frankfurter-bankiers-johann-georg-leerse (13. August 2019).

[2] Vgl. Hock, Sabine: Manskopf, Familie, in: Frankfurter Personenlexikon (Onlineausgabe), http://frankfurter-personenlexikon.de/node/441 (13. August 2019). Das Haus Lichtenstein wurde 1948 abgebrochen, nachdem es bei Luftangriffen im Jahr 1944 beträchtlichen Schaden genommen hatte.

Haus Lichtenstein am Römer

Dessen Sohn Jacob Philipp Manskopf (1777–1859) trat am 28. April 1840 das Leersesche Fideikommiss an, nannte sich seither laut Beschluss des Frankfurter Senats Jacob Philipp Leerse, genannt Manskopf, und heiratete durch seine zweite Ehe mit Luise von Scheibler (1795–1867) in rheinländische Industriefamilien wie Stumm und Krupp ein. Aus beiden Ehen, die erste Frau, Maria Jacobea Fuchs, war 1819 gestorben, gingen jeweils fünf Kinder hervor.

Eines der Kinder aus erster Ehe war Wilhelm Heinrich Manskopf (1812–1891), der mit seinen Söhnen 1875 die Weinhandlung „Manskopf & Söhne" gründete. Dieser Zweig der Familie hat in Frankfurt sichtbare Spuren hinterlassen, denn die Söhne traten nicht nur als Weinhändler, sondern auch als Stifter in Erscheinung. Gustav Manskopf (1841–1900) finanzierte 1887 die Renovierung des Gerechtigkeitsbrunnens mit der Neuausführung der Justitia in Bronze, stiftete 1889 den sogenannten Manskopfschen Uhrenturm, der an der Kreuzung Kaiserstraße/Taunusanlage aufgestellt wurde, und übernahm die Kosten für die Aufstellung des Herkules-Brunnens im Römerhöfchen.[3]

Herkules-Brunnen im Innenhof des Römers

[3] Vgl. Hock, Sabine: Manskopf, Gustav, in: Frankfurter Personenlexikon (Onlineausgabe), http://frankfurter-personenlexikon.de/node/442 (13. August 2019).

Sein Bruder Wilhelm (1845–1921) hinterließ der Stadt seine 1894 errichtete Villa „Waldeck" in Niederrad. Heute gehört das Haus, das im Zweiten Weltkrieg als Lazarett diente, dem Bildungszentrum des Hessischen Handels.

Einer der fünf Söhne aus der zweiten Ehe war Alexander Manskopf (1827–1902), Teilhaber der Weinhandlung „Manskopf-Sarasin" und Vater des Musikaliensammlers und Museumsgründers Friedrich Nicolas Manskopf (1869–1928), mit dessen Tod die männliche Linie der Frankfurter Familie erlosch.

Friedrich Nicolas Manskopf

„Nicolas Manskopf war ein zartes Kind", heißt es in einem maschinenschriftlichen Lebenslauf, den dessen Schwager Wolfgang Schmidt-Scharff verfasst hat.[1] Dieser Satz steht zwar nicht am Anfang, aber das literarische Vorbild ist unverkennbar, beginnt doch Heinrich Manns *Der Untertan* mit dem berühmten Satz: „Dietrich Heßling war ein weiches Kind",[2] und so verlässlich der Lebenslauf auch ist, lehnt sich der Verfasser auch im Weiteren – bewusst oder unbewusst – an literarische Vorbilder an. Die Charakterisierung des jungen Manskopf, die schwache Gesundheit, die Liebe zur Musik, die fehlende kaufmännische Befähigung, erinnern an die Beschreibung des jungen Hanno Buddenbrook im großen Gesellschaftsroman Thomas Manns, ohne dass die biographischen Unterschiede ignoriert werden sollen. Statt Franzbrot und Taube fördert im Hause Manskopf der Wein die Abwehrkräfte:

Gesundheitlich war Nicolas Manskopf von keiner sehr starken Konstitution [...]. Er wurde deshalb und als einziger männlicher Erbe von seinen Eltern, namentlich von seinem Vater mit besonderer Liebe und fast übergrosser Fürsorge betraut, auch hinsichtlich der Verpflegung. Er war schon früh gewohnt zur Stärkung sei-

---

[1] Schmidt-Scharff (1967), S. 2. Der Jurist Wolfgang Schmidt-Scharff war mit Manskopfs Schwester Henriette verheiratet. Eine Abschrift des Lebenslaufes, aus der im Folgenden häufig zitiert wird, überreichte Hermann Schmidt-Scharff im Jahr 1967 der Stadt- und Universitätsbibliothek. Einem Brief Wolfgang Schmidt-Scharffs an den Magistrat der Stadt Frankfurt vom 22. Februar 1952 ist zu entnehmen, dass er den Lebenslauf seines Schwagers im Jahr 1944 geschrieben hat, kurz bevor „die auf meinen Schwager bezüglichen Akten und Schriftstücke beim Abbrand meines Hauses völlig verbrannt sind". Wolfgang Schmidt-Scharff an den Magistrat der Stadt Frankfurt vom 22.2.1952. ISG Stiftungsabteilung, Zugang III/42–79, Sig. 307/14.
[2] Mann (1985), S. 5.

ner Gesundheit Wein zu trinken, wie dies auch später die geschäftliche Tätigkeit mit sich brachte, obwohl der Genuss des Weines ihn leicht in Erregung bringen konnte.[3]

Aber von vorn: Friedrich Nicolas Manskopf wurde am 25. April 1869 in Frankfurt am Main in der Hochstraße 22 geboren. Er besuchte zuerst die 1870 von der Polytechnischen Gesellschaft gegründete Wöhlerschule im Frankfurter Westend, wechselte dann, weil er „kein besonderes Interesse" an den alten Sprachen hatte,[4] also an Griechisch und Latein, auf die Adlerflychtschule, eine höhere Realschule, die von 1876 bis 1932 im Frankfurter Nordend stand.

Friedrich Nicolas Manskopf als Dragoner

[3] Schmidt-Scharff (1967), S. 6.
[4] Ebd., S. 2.

Im Alter von 18 Jahren verließ er diese und leistete seinen einjährigen Militärdienst bei den Dragonern in Karlsruhe, wurde aber nach einem Vierteljahr als untauglich entlassen, „da er oft schwach wurde und namentlich durch das Tragen des Helmes sehr häufig starke Kopfschmerzen bekam".[5]

Da Brüder seiner Mutter in Lyon geschäftlich tätig waren, wurde Friedrich Nicolas in den Jahren 1887 bis 1888 zur kaufmännischen Ausbildung dorthin geschickt, widmete sich aber eben so sehr seiner großen Leidenschaft: der Musik. Bereits in Frankfurt hatte Manskopf Geigenunterricht bekommen, zeitweise sogar von Robert Pfitzner, Mitglied des Opernorchesters und Vater des Komponisten Hans Pfitzner. In Lyon nahm er Unterricht bei einem Schüler des berühmten belgischen Violinisten Charles-Auguste de Bériot, besuchte Kammermusikabende und ging in die Oper. Über das Frankfurter Musikleben war er bestens informiert, ließ er sich doch Kritiken der Museumskonzerte schicken.

In den Jahren von 1889 bis 1891 setzte er seine Ausbildung in London fort und berichtete von dort für *Die Lyra* über das Londoner Musikleben.[6] Seine musikalische Sammelleidenschaft nimmt in London ihren Ausgangspunkt, weil er hier das erste Stück seiner Musikaliensammlung ersteht: eine „Kanne, mit der sich Beethoven seine Hände zu kühlen pflegte, wenn sie von dem Klavierspielen heiss waren".[7]

Von 1891 bis 1893 war er in Paris kaufmännisch tätig, schrieb weiterhin Berichte über das dortige musikalische Leben und machte die Bekanntschaft der aus Frankfurt stammenden Sängerin Mathilde Marchesi geb. Graumann. Obwohl sie eine hervorragende Altistin war, gründete ihr Ruhm vor allem auf

---

[5] Ebd., S. 2f.

[6] Richard Albert Mohr behauptet, dass Manskopf auch für die *Allgemeine Deutsche Musikzeitung* aus London berichtet habe, doch finden sich dafür in den Jahrgängen 1889–1893 keinerlei Belege. Vgl. Mohr (1978), S. 15.

[7] Schmidt-Scharff (1967), S. 4. Schon während seiner Schulzeit hatte er alles gesammelt, was er von und über den Frankfurter Schauspieler Samuel Friedrich Hassel gefunden hatte.

ihrem Wirken als Gesangspädagogin: Von 1881 bis 1908 leitete sie eine private Gesangsschule in Paris und lebte abwechselnd dort oder in London. Aus der ‚Scuola Marchesi' gingen berühmte Sängerinnen hervor, darunter Nellie Melba und Selma Kurz. Manskopf lernte gerade durch die Marchesi sowohl in Paris als auch bei späteren Aufenthalten in London viele Künstler persönlich kennen.

Nach seiner Rückkehr aus Frankreich stieg Friedrich Nicolas in die Weinhandlung Manskopf-Sarasin in der Junghofstraße 15 ein, die sein Vater nach dem Tod seines Halbbruders Jacob Philipp Nicolaus Manskopf im Jahr 1892 als Seniorpartner führte. Geschäftsreisen führten ihn immer wieder nach England und Frankreich.

Da der Vater aber wohl merkte, dass der Sohn in den 1890er Jahren viel Zeit und Geld in seine stetig wachsende Sammlung steckte, ihm darüber hinaus „[i]n kaufmännischer Beziehung [...] der Unternehmungsgeist und Wagemut" fehlten „und wohl auch die nötige Kraft, die Verantwortung eines so grossen Unternehmens [...] auf seine Schultern zu nehmen", bestimmte er testamentarisch, dass Friedrich Nicolas „nicht als finanziell verantwortlicher Teilhaber in die Firma Manskopf-Sarasin eintreten solle".[8] Das führte nach dem Tod des Vaters im Jahr 1902 allerdings zu einem langjährigen Konflikt mit den verbliebenen Teilhabern, in dessen Folge Friedrich Nicolas 1905 aus der Firma ausschied und eine eigene Weinhandlung eröffnete, die zuerst in der Taubenstraße, dann am Untermainkai 27 und schließlich im Manskopfschen Haus am Untermainkai 54 untergebracht war. Da er sich aber scheute, „grosse Kapitalien in der Firma anzulegen", so Schmidt-Scharff, erreichte „dieses Geschäft keinen sehr bedeutenden Umfang".[9]

[8] Ebd., S. 6f.
[9] Ebd., S. 8.

Das Manskopfsche Haus am Untermainkai 54

Das Interesse Manskopfs galt aber nun einmal nicht in erster Linie dem Weinhandel, sondern seinem eigenen Museum, „auf das er wohl die meiste Zeit seiner Tätigkeit verwendete, auch gelegentlich seiner geschäftlichen Reisen".[10] Die Kanne Beethovens machte nämlich nur den Anfang, weitere Exponate kamen hinzu, sodass Manskopf seine Sammlung, die anfänglich im 1893 bezogenen Elternhaus am Untermainkai 54 untergebracht war, im Jahr 1900 – da umfasste sie bereits 11.000 Exponate – in eine angemietete Wohnung in der Wiesenhüttenstraße 18 verlegte.

[10] Ebd.

Nach Streitigkeiten mit dem Hausbesitzer zog das Museum 1909 in den dritten Stock des Hauses am Untermainkai 27 um, wo Manskopf zwölf Räume für seine Sammlung zur Verfügung standen. Nach dem Tod der Mutter im Jahr 1923 verlegte er das Museum wieder in das Haus am Untermainkai 54: Im Keller und im Parterre war die Weinhandlung untergebracht, im ersten, zweiten und dritten Stock befanden sich die Museums- und Wohnräume.[11] Die Schwestern waren da bereits ausgezogen.

Das musikhistorische Museum in den Räumen am Untermainkai 54

Manskopf starb am 2. Juli 1928 in seinem Haus am Untermainkai und wurde am 5. Juli unter großer Teilnahme der Bevölkerung beerdigt. Die *Frankfurter Nachrichten* stellten ihn in ihrer Todesanzeige in eine Reihe mit „Senckenberg, Städel, Hoch und Jügel", die alle „aus uneigennützigem Bürgersinn ihre ganze Schaffens- und Organisationskraft daran

[11] Vgl. ebd., S. 9.

setzten, der altüberlieferten Kultur ihrer Vaterstadt Spitzen-
leistungen einzugliedern, die weit hinauswirkten und den
Idealismus ihrer Gründer aufs schönste bezeugten".[12] Sein
Grab findet sich auf dem Frankfurter Hauptfriedhof im Ge-
wann D 294.

Das Grab Friedrich Nicolas Manskopfs auf dem
Frankfurter Hauptfriedhof

[12] *Frankfurter Nachrichten* vom 3.7.1928.

Den erwachsenen Manskopf beschreibt Schmidt-Scharff so:

Körperlich war er von grosser Statur, wie dies eine Familieneigentümlichkeit der Familie Manskopf ist. In der Haltung war er leicht vorn übergeneigt, im Sprechen lebhaft, manchmal sich überstürzend. Er konnte sehr liebenswürdig sein, namentlich wenn es sich um fremde Persönlichkeiten handelte. Im übrigen war er eigenwillig und abweichenden Wünschen und Meinungen nur schwer zugänglich, und wenn er in Aufregung geraten war, schwer zu beruhigen. Eine gewisse Hartnäckigkeit, die ihm zu eigen war, hat sich aber wohl bei seinem Sammeltrieb als ein sehr förderndes Element erwiesen, da er, wenn er etwas zu erlangen und erwerben wünschte, nicht locker liess, bis er den Erfolg erreicht hatte. Im Grund seines Wesens war er eine freundliche und eher weiche Natur.[13]

Die Körpergröße der Manskopfs war ebenso legendär – Alexander Dietz spricht in einem Artikel vom „urwüchsigen Frankfurter Riesengeschlecht"[14] – wie ihr kaufmännisches Geschick. Mit seiner „merkwürdige[n] musikalische[n] Begeisterung und Sammelleidenschaft" schlug Friedrich Nicolas allerdings aus der Art,[15] auch damit, dass er eher die Nähe zu Künstlern suchte als zu Kaufleuten. In den großzügigen Räumen des Elternhauses am Untermainkai bewirtete er ihm bekannte Künstler oder nahm im Anschluss an die Museumskonzerte beim gemeinsamen Essen Kontakt zu ihnen auf, um sich Erinnerungsstücke zu verschaffen. Im Gegenzug war Manskopf hilfsbereit, setzte sich früh für ein Stipendium für Hans Pfitzner ein und nutzte seine Verbindungen, um Komponisten wie Eugen d'Albert Aufführungsmöglichkeiten in Lyon zu verschaffen.
Die Ehrungen, die ihm in Frankfurt verwehrt blieben, bekam er von anderer Stelle – bereits 1899 wurde er für seine musikalischen Verdienste zum Officier d'Académie ernannt und

[13] Schmidt-Scharff (1967), S. 10.
[14] Dietz (1928), S. 98.
[15] Ebd.

der Herzog von Sachsen-Coburg-Gotha verlieh ihm den Herzoglich Sachsen-Ernestinischen Hausorden – oder er wünschte sie sich:

Auf Grund der ausserordentlichen Bemühungen, die ich um das Zustandekommen der Grétry-Ausstellung mir zu machen nicht scheute & in Anbetracht dessen, dass bei viel weniger wichtigeren Angelegenheiten wie z.b. Erstaufführungen von Orchesterwerken die Belgische Regierung Auszeichnungen vornimmt, würde es mir zur Genugthuung gereichen, auch durch eine Auszeichnung die Anerkennung der Belgischen Regierung ebenfalls officiel bestätigt zu wissen,[16]

schreibt er in einem Brief an den Direktor des Théâtre de la Monnaie vom Oktober 1913. Zuvor hatte er auf seine erfolgreiche Grétry-Ausstellung hingewiesen und einige Zeitungsartikel darüber beilegt, die man, so Manskopf, gerne auch an belgische Zeitungen weiterleiten dürfe.

---

[16] Friedrich Nicolas Manskopf an Maurice Kufferath (9.10.1913), UB Ffm Manskopf Museumsakten 1913–1914.

Friedrich Nicolas Manskopf im Jahr 1890

Der Musikjournalist

Manskopfs journalistische Tätigkeit fiel hauptsächlich in seine Zeit in London und Paris. Von dort berichtete er als Korrespondent für *Die Lyra,* die zuerst den Titelzusatz *Wiener allgemeine Zeitschrift für die literarische und musikalische Welt,* später *Allgemeine deutsche Kunstzeitschrift für Musik und Dichtung* führte und zwischen 1877 und 1909 zwei Mal im Monat in Leipzig und Wien erschien.

In der Zeit von Oktober 1890 bis September 1891 informiert Manskopf über das Musikleben auf der Insel, bevorzugt von Londoner Konzerten, aber auch aus Schottland und Wales. Das sind keine Kritiken im eigentlichen Sinne, sondern Mitteilungen, die eher chronikalischen Charakter haben. Kritik ist, wenn sie denn geübt wird, eher pauschal. Über Robert Planquette schreibt er: „Das Talent des französischen Componisten offenbart sich auch deutlich wieder in seinem neuen Werke", und begründet das damit: „Ein großer Theil der Nummern der Partitur ist gefällig und ansprechend."[1] Über die Sängerin der Titelrolle heißt es, dass „deren Stimme und Spiel sehr zu wünschen übrig ließ[en]".[2] Manskopfs Zurückhaltung ist stellenweise aber wiederum sympathisch, etwa wenn er über zwei Sängerinnen schreibt, die von der englischen Presse offensichtlich ‚verrissen' worden sind: „Wir wollen mit unserem Urtheile nicht zu weit gehen, besonders da dieselben ihre Partien zum ersten Male in englischer Sprache sangen und mit großer Befangenheit zu kämpfen hatten."[3]

Manskopfs Artikel sind, wie gesagt, keine individuell profilierte Fachkritik, in deren Mittelpunkt das aufgeführte Werk steht, sondern eher relativ unpersönliche Berichterstattung, die sich dem Aufführungsanlass, Schauplatz, Publikum usw.

---

[1] *Lyra* vom 1.12.1890. Manskopfs Artikel in der *Lyra* werden im Folgenden ohne Namensnennung und Seitenzahl zitiert.
[2] Ebd.
[3] *Lyra* vom 15.1.1891.

widmet. Allenfalls eine sehr kurze Einschätzung der technischen Fähigkeiten von Sängern und Instrumentalisten nimmt er vor. Maßstab seiner Beurteilung sind nicht selten die Reaktion eben dieses Publikums und die Rezensionen der Kritiker. Etwa so: „Die Frankfurter Presse bezweifelt sehr, daß sich ‚Die Rantzau' [eine Oper Pietro Mascagnis, B.Z.] lange auf dem Spielplan erhalten werden",[4] oder so: „[D]er Brüsseler Violinvirtuose Herr Ysaÿe [...] errang sich durch den feinfühligen Vortrag des mit edlem Ton und tadelloser Technik gespielten Violinconcertes von Beethoven sehr reiche Beifallsbezeugungen."[5]

Mit Blick auf seine deutschen Leser liegt der Fokus in den Londoner Berichten auf den Aufführungen deutscher Opern, Oratorien von Georg Friedrich Händel und Auftritten deutscher Künstler, besonders aber der Interpretation der Werke Richard Wagners.

Hans Richter, der 1876 die Uraufführung des *Ring des Nibelungen* in Bayreuth geleitet hatte, von 1875 bis 1900 Kapellmeister an der Wiener Oper war, dirigierte in London mehrfach Konzerte und wurde später Chefdirigent des Hallé Orchesters und des London Symphony Orchestras. Manskopf hebt Richters Konzerte besonders hervor, nicht nur weil nahezu ausschließlich Musik deutscher Komponisten auf dem Programm steht (ergänzt durch Händel, der im Jahr 1727 britischer Staatsbürger wurde), sondern auch, weil diese Konzerte in musikalischer Hinsicht vorbildlich waren – wenn wir Manskopf glauben wollen.

Und auch die aus Paris an die *Lyra* gesandten Beiträge Manskopfs fokussieren das deutsche Repertoire. Dorthin kam Manskopf, als der Widerstand gegen die Werke Wagners gebrochen war. Nach dem verlorenen Krieg 1870/71 gab es erbitterte Widerstände gegen die Aufführung der Opern Wagners, auch weil dieser in seiner Komödie *Eine Kapitulation*

---

[4] *Lyra* vom 1.7.1893.
[5] *Lyra* vom 15.6.1891.

die französische Intelligenz verspottete und in seinem Gedicht *An das deutsche Heer vor Paris* seine chauvinistische Parteinahme und Begeisterung für das Deutsche Reich nicht verhehlte. Das hielt viele Franzosen allerdings nicht davon ab, nach Bayreuth zu pilgern, und störte die Begeisterung der literarischen und musikalischen Avantgarde nicht im Geringsten.[6] Am 16. September 1891, also fast 17 Jahre nach der Einweihung des Palais Garnier, wurde *Lohengrin* in französischer Übersetzung gegeben und bis Ende Dezember 34 Mal und 1892 insgesamt 39 Mal gespielt.[7] Manskopf berichtet begeistert aus Paris:

Erfreulich ist es, berichten zu können, daß endlich die deutsche Tonkunst über das Schavinistenthum gesiegt hat. Lohengrin ist bereits so populär hier, daß man kürzlich eine Parodie „Le petit Lohengrin" auf die Bühne eines kleinen Theaters gebracht hat. Die glänzende Seite der hiesigen Lohengrinaufführung bildet unstreitig der Chor. Lamoureux scheint sich besonderes Verdienst erwerben zu wollen, den Chorgesang in Frankreich zu fördern, denn mit ganz besonderer Sorgfalt sind die Chöre einstudirt. Ihm ist die deutsche Nation großen Dank schuldig, denn er scheut keine Mühe noch Kosten, wenn er für die deutsche Musik hier etwas thun kann. Rastlos strebt Lamoureux weiter; so gedenkt er im Vereine mit dem bisherigen Leiter der Großen Oper Gailhard in Versailles ein Theater nach der Art desjenigen von Bayreuth erbauen zu lassen. Richard Wagner würde darin der Ehrenplatz gehören, aber es sollen auch Aufführungen anderer großer Bühnenwerke in Aussicht genommen sein.[8]

Charles Lamoureux war Dirigent und Geiger, führte mit seiner „Société de l'Harmonie Sacrée" die großen Oratorien Bachs

---

[6] Vgl. Gier (2017), S. 373.
[7] Vgl. ebd., S. 375. Die anderen Werke mit Ausnahme des *Fliegenden Holländers* wurden bis 1914 nach und nach ins Repertoire aufgenommen, bevor der Erste Weltkrieg der Pariser Wagner-Pflege erst einmal ein Ende setzte.
[8] *Lyra* vom 1.1.1892.

und Händels auf und gründete 1881 die berühmten Sonntags-nachmittagskonzerte, in denen auch Auszüge aus Opern Wagners gespielt wurden, die Manskopf ebenfalls in seinen Berichten lobend erwähnt.

Das einzige Werk, über dessen Aufführung Manskopf aus-führlicher berichtet, für die er sogar von Paris nach London reist, ist die Oper *Irmengarda* von Leonhard Emil Bach. Der Komponist hat nichts mit der Leipziger Bach-Familie zu tun, wurde 1849 in Posen geboren, studierte in Berlin und unter-richtete ab 1882 an der Guildhall School in London.

Leonhard Emil Bach

Die 1892 in italienischer Sprache uraufgeführte *Irmengarda* war dessen erste Oper, es folgten *The Lady of Longford* 1894 und *Des Königs Garde* 1895. Daneben komponierte Bach Lieder bevorzugt auf Texte von Emanuel Geibel, was viele seiner komponierenden Zeitgenossen ebenfalls taten. Manskopf muss Bach in London kennen gelernt und sich mit ihm angefreundet haben. Mehr als 40 Briefe an Manskopf aus den Jahren zwischen 1891 und 1901, also nach dessen Weggang aus London, liegen heute in der Frankfurter Universitätsbibliothek.[9]

Manskopf widerspricht in seiner Kritik für die *Lyra* eingangs den Berichten einiger deutscher Tageszeitungen, nach denen der Aufführung nur ein „freundliche[r] Erfolg" beschieden gewesen sei.[10] Der Komponist sei nämlich auch nach der zweiten Vorstellung auf die Bühne gerufen worden und das sei einmalig in London. Über das Werk selbst schreibt er:

Der deutsche Text der Oper von Paul Gisbert in Berlin (in's Italienische schlecht übertragen von A. Zanardini), behandelt die hübsche Sage von den Weibern von Weinsberg bei der Belagerung der Stadt durch Conrad III. im Jahr 1140, welche freilich ohne besonderes Geschick bearbeitet ist. Der erste Act spielt im deutschen Heerlager, der zweite in der belagerten Stadt. Obgleich wir die Wahl des P. Gisbert'schen Textes als Mißgriff von Seiten des Componisten bezeichnen müssen, so fesselte uns umsomehr seine Musik, welche erfreulicherweise sehr melodisch ist. Die Oper verräth den musikalisch ungemein talentvollen, aber noch etwas unerfahrenen Operncomponisten, der eine bestimmte Richtung noch nicht innehält; trotzdem ist Emil Bach ein Musiker von noch größerer Erfindungskraft, ein Künstler von feinerer Empfindung und vornehmerem Geschmack, als der Modecomponist Pietro Mascagni (?) Auf die Einwirkung Richard Wagner'scher Kunst deutet die Verwendung von Leitmotiven, welche am klarsten für die hohe Befähigung des ungemein vielversprechenden deutschen Operncomponisten zum Dramatiker zeugen. Die Glanznummern der Partitur,

---

[9] UB Ffm: Mus. Autogr. L. E. Bach A 001 – A 044.
[10] *Lyra* vom 15.1.1893.

außer den Chören, sind: Im ersten Act die Arie Irmengard's „Du Heimath mein", das Duett „Gott grüße Dich! woher wohin?" ein Madrigale a capella; im zweiten das Duett „Mein Lucas! Hier bin ich wieder". Herr Dufriche gab den Luca schauspielerisch und gesanglich ganz vortrefflich. Neben demselben zog vornehmlich Frl. Guercia (Brigida) mit ihrer lieblichen Stimme und entzückenden Erscheinung die Aufmerksamkeit auf sich. Auch Frau Balda (Irmengard) und die Herren Guetary (Cunibert) und Abramoff (Burckhard) fanden lebhafte und wohlverdiente Anerkennung.

Das Orchester hielt sich wacker, hätte aber hie und da noch feiner ausgearbeitet sein können. Der in London ansässige und im Sommer in Bayreuth als einer der dortigen Chordirectoren thätige Carl Armpruster erzielte als Dirigent des Ganzen bedeutenden Erfolg, wie es bei den ihm zu Gebote stehenden verschiedenartigen Elementen kaum zu erwarten war.[11]

Bach greift in seiner Oper ein Sujet auf, das mehrfach vertont wurde, u.a. von dem langjährigen Frankfurter Kapellmeister Gustav Schmidt.[12] Der war einer der frühesten Wagnerianer, hatte in Frankfurt die Erstaufführungen des *Tannhäuser* und des *Lohengrin* dirigiert und Wagner scheint auch als Vorbild und Bezugsgröße in Manskopfs Kritik immer wieder durch. Allein mit der Wahl eines historischen Stoffes, der zeitlich sehr genau verortet werden kann, reiht sich *Irmengarda* in eine Fülle von Mittelalteropern ein, die in der Nachfolge Wagners stehen.[13] Auch der Verweis auf die Leitmotivtechnik erinnert an Wagner, wobei die Einteilung in Nummern wie Arie und Duett wiederum eine Anlehnung an traditionelle Modelle suggeriert. Als Wagnerianer erweist sich Manskopf auch mit der Hervorhebung der Verdienste des Dirigenten, der Bayreuth-Erfahrung vorweisen kann und die fehlende Qualität am englischen Opernhaus zu kompensieren vermag.

---

[11] Ebd.
[12] Schmidts *Weiber von Weinsberg* wurden 1858 in Weimar uraufgeführt.
[13] Vgl. Fischer (1986).

Ein Stereotyp der Opernkritik nach Wagner ist die Klage über schlechte Texte, der viele Komponisten in der Wagner-Nachfolge dadurch entgingen, dass sie sich ihre Libretti selbst schrieben. Manskopf rügt ausdrücklich die Ausführung des Textes und nicht die Wahl des Stoffes. P. Gisbert war das Pseudonym des Schriftstellers Paul Pniower, der in der Musikgeschichte allenfalls als Parodist überlebt hat. Er schrieb nämlich bereits 1876/77 eine „Cricrilogie äußerst frei nach Wagner's Der Ring des Nibelungen" mit dem Titel *Der Ring, der nie gelungen*, in der die Riesen zu Bauunternehmern, Alberich und Mime zu jüdischen Bankern gemacht werden, die sich mit den Folgen des Wiener Börsenkrachs von 1873 auseinanderzusetzen haben. Daran dürfte sich Manskopf aber nicht gestoßen haben, spricht in der oben zitierten Kritik das Parodieren doch für die Popularität des Parodierten.

Das deutsche Libretto wurde ins Italienische übersetzt, weil an Londons Covent Garden nahezu ausschließlich Italienisch gesungen wurde.[14] Selbst die Werke Wagners wurden anfangs übersetzt und erst zu Beginn der 1890er Jahre teilweise in deutscher Sprache gegeben. Da Manskopf kein Italienisch konnte, kann er die Qualität der Übersetzung eigentlich nicht selbst beurteilen. Da fungiert er möglicherweise als Sprachrohr des Komponisten.[15]

Auch die Diskreditierung des Komponisten Pietro Mascagni gehört zum Repertoire der deutschen Kritik im ausgehenden 19. Jahrhundert. Dass gerade Mascagni als Feindbild Manskopfs herhalten musste, hat mit dem Erfolg des italienischen Verismo allgemein und dem Mascagnis im Besonderen zu tun. Unter der Direktion von Augustus Harris war *Cavalleria rusticana* in den Jahren 1888–1896 die meist aufgeführte Oper an

---

[14] Das gedruckte Textbuch liefert die englische Übersetzung des italienischen Textes mit. Vgl. Bach (1892).

[15] Manskopf muss z.B. Einblick in den Klavierauszug genommen haben, denn nur dort ist der deutsche Text abgedruckt und er zitiert ja die Titel einiger Nummern der Oper in deutscher Sprache.

Covent Garden.[16] Die deutschen Wagner-Gegner, allen voran der Wiener Kritiker Eduard Hanslick, sahen im Verismo gerade ein Antidot gegen Wagner: „Der Mascagni-Paroxysmus hat das Verdienst einer Medizin gegen den Wagner-Paroxysmus."[17]

So sehr Manskopf als Sammler transnational dachte, so sehr bleibt er in seiner kurzen Laufbahn als Kritiker ein Kind des Wilhelminismus. Demselben Chauvinismus, den er auf Seiten der Franzosen beklagt, hängt er selbst an. Von der Engstirnigkeit des Kritiker-Kollegen Arthur Seidl, der vom „ausländischen Kram der französischen Ehebruchs-, italienischen Eifersuchts- und undeutschen Frivolitäts-Opern" spricht,[18] ist Manskopf allerdings weit entfernt. Dass er für Bach eine Art Gefälligkeitskritik schreibt, ist offensichtlich.

Aus Frankfurt berichtet Manskopf dann kaum noch.[19] Am 1. Juli 1893 schreibt er etwa über ein Gastspiel an der Frankfurter Oper, am 1. Oktober 1894 verweist er auf Engelbert Humperdinck und Konzerte des Frankfurter Cäcilienvereins; über einen Artikel vom 1. März 1895, in dem Manskopf mit der Frankfurter Oper bzw. deren Intendanten abrechnet, wird noch zu sprechen sein. Weitere Kurzartikel über das Frankfurter Musikleben erscheinen zwar in der *Lyra*, sind aber ab 1896 namentlich nicht gekennzeichnet und damit Manskopf nicht eindeutig zuzuordnen.

---

[16] Vgl. Rodmell (2013), S. 57. In Deutschland stand sie noch in der Spielzeit 1899/1900 mit 274 Aufführungen an 69 Bühnen an der Spitze der Statistik. Vgl. Fischer (2000), S. 43.

[17] Zitiert nach Fischer (2000), S. 43.

[18] Zitiert nach ebd., S. 30.

[19] In der *Lyra* findet sich neben den erwähnten noch ein weiterer Artikel über das Frankfurter Konzertleben vom 15. Januar 1895.

Der Kulturpolitiker

Bereits in den Jahren 1890/91 – Manskopf ist als Lehrling in London – reflektiert er die *Zustände im deutschen Musikleben*.[1] Der frühe Text gehört zu einer ganzen Reihe von Schriften, die nur noch fragmentarisch erhalten sind, weil sie im Zweiten Weltkrieg Schaden genommen haben. Manskopf stellt darin einen Zusammenhang her zwischen einem „veräußerlichten Geschäftstheaterbetrieb, einer Verödung des kompositorischen Angebots an die Bühnen, die nur noch Unterhaltungsapparate sind, und einem Verfall von Bühnenpädagogik und Publikumsgeschmack".[2] Das sind Themen, die auch in späteren Texten aufgegriffen werden.

Nach seiner Rückkehr aus Paris im Jahr 1893 hat sich Manskopf wiederholt in die Frankfurter Kulturpolitik eingemischt. Im März 1895 eskalierte ein Streit zwischen Frankfurter Journalisten und dem städtischen Opernhaus, der wohl schon seit längerem schwelte, in einem „offenen Schreiben" Manskopfs an den Intendanten Emil Claar, das in der *Lyra* publiziert wurde. Auslöser war ein Brief Claars an Manskopf, in dem jener diesem unterstellte, unsachgemäße Kritik an seiner Arbeit und der des Hauses einzig und allein deshalb zu üben, weil ihm Freikarten verwehrt worden seien. Manskopf reagierte darauf mit einem Rundumschlag, den er mit Auszügen aus Kritiken unterfüttert:

Herr E. Klaar scheint fest überzeugt zu sein, daß die Zustände unseres Stadttheaters in künstlerischer und finanzieller Hinsicht die glänzendsten sind, die man sich wünschen kann und folglich keiner unparteiischen Rathschläge bedürfen. Nicht nur wir, sondern auch die mit Freikarten versehenen Berichterstatter hiesiger Zeitungen machen auf Mißstände am hiesigen Theater aufmerksam und tadeln die Theaterleitung, wenn sie es verdient. Als Beweis für

---

[1] Vgl. Büthe (o.J.), S. 2.
[2] Ebd., S. 4.

unsere Behauptung führen wir folgende kleine Auszüge aus hiesigen Zeitungen an. L.H. schreibt in einer Wochenschrift u.a. Folgendes: „Und das kommt bei einer Bühne vor, die von der Behörde mit fürstlicher Munificenz unterstützt wird, damit sie sich den Charakter einer über dem gewöhnlichen Geschäftsunternehmen stehenden künstlerischen Anstalt wahre, bei einer Bühne allerdings, die sich weder durch die Intelligenz, noch durch die Thatkraft noch den künstlerischen Impuls ihrer Leitung, sondern lediglich durch das Gesetz der Trägheit, d.h. durch die Geldzuwendung aus städtischen Mitteln und die Thatsache, daß Frankfurt in den letzten Decenien sich – allerdings ohne Beihilfe der Frankfurter Theater-Actiengesellschaft – zu einem hervorragenden Platze des Weltverkehrs aufgeschwungen hat, in ihrem Bestande erhält." Eine hiesige Tageszeitung schrieb u.a. kürzlich Folgendes: „Wer von früheren Jahren her sich der vortrefflichen Aufführungen der Oper ‚Margarethe' noch erinnert, wird die gestrige Vorstellung mit wahrhaftigem Bedauern verfolgt haben. Niemand unter den Hauptacteuren war am Platze. Weder Faust noch Mephisto, weder Gretchen noch Valentin konnten genügen (stimmlich und darstellerisch). Es will wirklich viel sagen, wenn man zu berichten gezwungen ist, daß nur ‚Siebel' und ‚Martha' stimmlich und darstellerisch zu loben waren. Wo sind sie hin die großartigen Glanzzeiten des Frankfurter Opernhauses? Und doch gibt es noch viele, die das Mangelhafte, Schlechte beklatschen und viele die es öffentlich hochpreisen." Eine Theaterkritik des Frankfurter Journals vom 8. Febr. l. J. lautet: „Es sprechen leider Anzeichen genug dafür, daß unsere Theater nicht nach nur künstlerischen Grundsätzen geleitet werden. Daß wird nun freilich kein Theater und man könnte auch bei uns ein Auge zudrücken, wenn noch eine Täuschung darüber möglich wäre, daß unsere Bühnen nicht mehr auf der Höhe des Rufes stehen, den sie außerhalb noch genießen. Unsere Bühnen schleppen zu viel alte Garde mit. Man sehe sich, um weiter nicht persönlich zu werden, nur einmal den Chor an! Das Frankfurter Stadttheater ist doch keine Versorgungsanstalt für Kunstinvaliden."[3]

Der Komponist Engelbert Humperdinck, der zwischen 1890 und 1897 für die *Frankfurter Zeitung* Musikkritiken schrieb, hatte sich im November 1894 intern ebenfalls darüber beklagt,

[3] *Lyra* vom 1.3.1895.

dass ihm Pressekarten verweigert worden waren, als er das Opernhaus ohne konkreten Auftrag, einen Bericht zu schreiben, besuchen wollte.[4] Manskopfs düstere Schilderung der Zustände am Opernhaus lässt sich allerdings anhand von Humperdincks Berichterstattung nicht verifizieren, obwohl dieser mindestens ebenso viel Gewicht auf die Leistung der Sänger legte, wie seine im Brief zitierten Kollegen, und sich kritische Bewertungen von Sängern des Frankfurter Opernhauses durchaus finden lassen.[5] Gounods Oper hat er zweimal besprochen, im September 1894 und im Februar 1895, beide Male durchaus positiv.

In die Zeit der Intendanz Claars fiel die Eröffnung des neuen Opernhauses, die erste komplette Aufführung von Wagners *Ring des Nibelungen* und die Pflege der französischen und italienischen Oper – eigentlich eine gute Zeit für Frankfurt. So stellt es Claar natürlich auch in seinen Memoiren dar.[6]

Emil Claar

[4] Vgl. Goebel Bd. 1 (2015), S. 86.
[5] Vgl. ebd., S. 282–290.
[6] Vgl. Claar (1926), S. 160–163.

Aus dem weiteren Verlauf des oben zitierten Schreibens geht übrigens hervor, dass Manskopf wohl auch für andere deutsche und ausländische Zeitungen regelmäßig aus Frankfurt berichtet hat, nur sind diese Artikel selten namentlich gekennzeichnet, weshalb sie schwer aufzufinden sind.

Im Jahr 1915 mischte sich Manskopf ein weiteres Mal in die Frankfurter Kulturpolitik ein, als nämlich ein neuer Konzessionsvertrag zwischen der Stadt und der Neuen Theateraktiengesellschaft ausgehandelt wurde. Da der zuletzt geschlossene Vertrag 1917 auslief, mussten sich die städtischen Gremien rechtzeitig mit der Form des Weiterbetriebs der Theater befassen.[7] Im Kern ging es um die Frage einer stärkeren Kommunalisierung der Vereinigten Stadttheater, die in der Öffentlichkeit überaus kontrovers diskutiert wurde.

Unmittelbarer Anlass für Manskopf war wohl ein Gutachten, das der Magistrat der Stadt Frankfurt beim Dresdner Theaterdirektor Karl Zeiss einholen ließ und das im Juni 1915 vorlag.[8] Dort heißt es:

Die Organisation der Städtischen Theater in Frankfurt a.M. stellt einen sonst in Deutschland kaum bekannten Mischtypus dar: städtisches Privattheater oder privates Stadttheater. [...] Wie bei allen wirtschaftlich-künstlerischen Organisationen spielen die geschichtliche Entwicklung und die lokalen Bedingungen eine Rolle. Auf diesem Gebiete liegen ohne Zweifel große Verdienste der Neuen Theater-Aktiengesellschaft und es kann nicht geleugnet werden, daß für das Frankfurter Theaterleben und die Teilnahme der Bevölkerung die Wirkung dieser Gesellschaft auch in der Gegenwart nicht zu unterschätzen ist.[9]

Die Theateraktiengesellschaft, zum größten Teil bestehend aus Bankiers, Privatiers und Kaufleuten, überwachte die Geschäftsleitung des Hauses, die Stadt sorgte für die Erhaltung

---

[7] Zum Folgenden vgl. Schimpf (2007), S. 330–354, sowie Leonhardt (2018), S. 54–58.
[8] Vgl. Schimpf (2007), S. 336f.
[9] Zitiert nach Leonhardt (2018), S. 54.

des Gebäudes und sagte jährliche Subventionen zu. Im Verlauf der Jahre hatte das finanzielle Engagement der Stadt zugenommen, was u.a. daran lag, dass „man im Theater nicht nur eine starke Bildungsaufgabe, ‚sondern eine Verpflichtung, vergleichbar mit der Bereitstellung von öffentlichen Bibliotheken und Schulen' sah".[10] An eine vollständige Kommunalisierung war aber nicht gedacht.

Manskopf richtete drei Eingaben an den Magistrat und die Stadtverordnetenversammlung und ein Schreiben an den Aufsichtsrat der Neuen Theateraktiengesellschaft, die sogar „vielseitigen Wünschen entsprechend in Druck gegeben" wurden,[11] wie es auf dem Titelblatt heißt. Ging es ihm in der ersten Eingabe vom 19. Juni noch in erster Linie um die „Erhaltung der theaterhistorischen Dokumente in städtischem Besitz",[12] greift er mit den drei weiteren tief in den Verwaltungsbereich der Theater ein.

Dem Sammler Manskopf war aufgefallen, dass, „obwohl städtisches Eigentum, [...] vieles für die Theatergeschichte Frankfurt's Wichtiges von Händlern angeboten worden" war. „Wiederholt", so heißt es weiter, „hatte ich Gelegenheit in Katalogen oder anderwärts von bedeutenden Künstlern herrührende und an die hiesige Theaterintendanz gerichtete Schriftstücke angeboten zu sehen, von denen ich im Interesse unserer Vaterstadt einzelne für mein Museum wiedererworben habe".[13] Er forderte im Weiteren die „würdige Aufbewahrung und Ordnung der Bibliotheksbestände", die über die ganze Stadt, genauer: „im Theater (daselbst in verschiedensten Räumen), in der Stadtbibliothek, beim Verwaltungsdirektor, ferner in der Hochstraße (in annähernd einem halben Dutzend Räumlichkeiten)" verteilt waren.[14]

---

[10] Ebd., S. 56.
[11] Manskopf (1915), Titelblatt.
[12] Didion / Schlichte (1990), S. 23.
[13] Manskopf (1915), o.S.
[14] Ebd.

Doch Manskopfs Überlegungen, die primär zwar auf die Errichtung eines städtischen Theatermuseums hinausliefen, waren umfassender und bezogen die Spielplangestaltung, Eintrittspreise, Vorsingen, Agententätigkeiten etc. mit ein. Ihm ist nicht entgangen, dass sich Deutschland im Krieg befindet, und so zielen seine Überlegungen darauf, wie Ausgaben eingespart und neue Einnahmen generiert werden können. Zweifelhaft ist allerdings sein Vorschlag, künstlerische Agenturen zu umgehen und sich auf persönliche Empfehlungen von Privatleuten zu verlassen.[15]

In seinem umfangreichsten Schreiben vom 4. August argumentierte er sehr präzise und realistischer, mit dem Ziel, „das künstlerische Ansehen unserer Theater zu fördern und mehr Interesse für dieselben zu erwecken unter Berücksichtigung der günstiger zu gestaltenden finanziellen Lage".[16] Er forderte u.a., Frankfurter Handwerksbetriebe bei Arbeiten im Theater verstärkt zu berücksichtigen, die Eintrittspreise zu senken, um auch in Kriegszeiten die Besucherzahlen hoch zu halten, mehr als einen kunstverständigen Bürger in die Theaterdeputation zu wählen, Vertragsverhandlungen und Gutachtertätigkeiten öffentlich zu machen und öffentliche Probesingen in Anwesenheit aller Kapellmeister abzuhalten. Dass er bei all dem auch soziale Aspekte nicht vernachlässigte, indem er etwa dafür plädierte, kriegsversehrte Künstler im Verwaltungsbereich der Theater unterzubringen, und – im Schreiben an den Aufsichtsrat der Neuen Theateraktiengesellschaft – „durch den

---

[15] Manskopf selbst hat sich immer wieder für Sängerinnen eingesetzt, sie diversen Theatern und Konzertunternehmern zu vermitteln versucht und im Falle der Sängerin Eve Simony sogar als eine Art Agent fungiert. In den Museumsakten findet sich eine große Anzahl an Briefen, in denen er oder ein Sekretär namens J. Friedrich, hinter dem sich wohl Manskopf selbst verbirgt, Korrespondenzen mit in- und ausländischen Konzert- und Opernveranstaltern führt. Mindestens ein weiterer Brief existiert, in dem Manskopf für die Sängerin Luise Odenthal wirbt und auf eine frühere Empfehlung einer Emmy Schroeder verweist. Vgl. UB Ffm Manskopf Museumsakten 1908–1911.

[16] Manskopf (1915), o.S.

Krieg in schlechte Verhältnisse geratene, jedoch nachweislich bisher stimmlich anerkannte und für die Zukunft viel versprechende Künstler und Künstlerinnen zu verhältnismäßig bescheidenen Ansprüchen an Ihrer Bühne zu beschäftigen und dadurch Künstler vor dem Untergange bewahren",[17] machte ihn in einer Zeit allgemeiner Kriegsbegeisterung nicht unsympathisch.

Die Presse nahm Notiz von seinen Eingaben, und zwar nicht nur die lokale wie die *Frankfurter Zeitung* und der *Frankfurter Generalanzeiger*, sondern auch, vermittelt über die Frankfurter Zeitungen, die überregionale (z.B. *Signale für die musikalische Welt*). Der spätere Privatdruck aller Eingaben wurde sogar durch Anzeigen beworben.[18]

Mit dem neuen Vertrag, den die Stadt 1916 mit der Neuen Theateraktiengesellschaft schloss, wurde das Theater zwar kein städtischer Betrieb, aber der Einfluss auf das Theater maximal erhöht: Sie hielt die Hälfte des Aktienkapitals, hatte Stimmenmehrheit in der Generalversammlung und konnte den Aufsichtsrat mit Mitgliedern des Magistrats und der Stadtverordnetenversammlung besetzen. Selbige kamen aus der aufgelösten Theaterdeputation und waren mit den Angelegenheiten seit Jahren vertraut.[19] Das war ganz im Sinne Manskopfs.

Sein Rundumschlag gegen die Frankfurter Kulturpolitik traf übrigens auch die 1914 gegründete Universität, die zwar, so sein Vorwurf, eine philosophische Fakultät besäße, aber keinen musikwissenschaftlichen Lehrstuhl. Ein musikwissenschaftliches Institut bekam die Universität zwar erst im Jahr 1921, aber bereits für das Sommersemester 1915 kündigte der Privatdozent Moritz Bauer, der seit 1905 musikgeschichtliche Vorlesungen am Hoch'schen Konservatorium hielt, immerhin

---

[17] Ebd.
[18] Vgl. *Signale für die musikalische Welt* vom 6.10.1915.
[19] Vgl. Schimpf (2007), S. 336f.

eine Veranstaltung zur „Entstehungsgeschichte der Oper" und „Übungen in der musikalischen Hermeneutik" an.[20]

Dass sich Manskopf mit seinen Eingaben nicht nur Freunde machte, war zu erwarten. So musste er sich 1916 gegen die Unterstellung wehren, er häufe in seinem Museum ungesetzlich Zuckervorräte an. Nach Kriegsende wurden seine Museumsräume nicht als solche anerkannt, sondern behördlich wie gewöhnlicher Wohnraum behandelt und wegen Wohnungsnot beschlagnahmt.[21] Die Zwistigkeiten mit den Behörden zogen sich dann aber bis in die 1920er Jahre hinein und noch 1924 monierte Else Frobenius in der *Deutschen Allgemeinen Zeitung*, dass das Museum auf der Straße durch keinen Hinweis angekündigt werde: „[D]ie Behörden gestatten es nicht."[22] Das passt zu Manskopfs Klagen im Zuge seiner Bemühungen, ein Richard Strauss-Museum zu eröffnen. Ob allerdings wirklich böser Wille der Behörden dahintersteckte oder die Wohnungsnot im Frankfurt der 1920er Jahre, die dann von Ernst May bekämpft wurde, ist kaum zu klären.

Manskopfs Schwestern stifteten die Sammlung 1928 in guter Frankfurter Tradition der Stadt. Die Objekte, so ist es in der Schenkungsurkunde festgehalten, müssen „unentgeltlich zur Besichtigung sowie zu wissenschaftlichen und volksbildenden Zwecken" zur Verfügung stehen.[23] Das war ganz im Sinne Manskopfs, auch wenn er selbst keine testamentarischen Verfügungen hinterlassen hat, und er stand damit fest in der Tradition der Frankfurter Volksbildungspraxis der Jahrhundertwende. Bereits 1890 war in Frankfurt der „Ausschuß für Volksvorlesungen" gegründet worden, „um die Abhaltung von allgemeinverständlichen und für jedermann frei zugänglichen Vorträgen zu ermöglichen, welche die Ergebnisse wissenschaftlicher Forschung in geschlossenen Lehrgängen zu

---

[20] Vgl. Vorlesungsverzeichnis [1915], S. 20.
[21] Vgl. Büthe (1969), S. 47.
[22] Zitiert nach ebd.
[23] Schenkungsvertrag, ISG, Sig. 1.619.

vermitteln versuchen," wie es in der Gründungsurkunde heißt.[24] Der 1919 in „Bund für Volksbildung" umbenannte Ausschuss setzte sich aber nicht nur für die Abhaltung von Vorlesungen ein, die trotz ihrer Allgemeinverständlichkeit den wissenschaftlichen Ansprüchen der Zeit genügen sollten, sondern auch dafür, Museumsbesuche für unbemittelte Schichten zu erleichtern, indem etwa sonntags für gewisse Stunden kein Eintrittsgeld erhoben werden sollte. Es sollte verbilligte Volksvorstellungen im Schauspiel- und Opernhaus geben sowie Volkskonzerte zu verringerten Eintrittspreisen.[25] Anhand der zugänglichen Quellen lässt sich zwar keine Verbindung Manskopfs zu den Initiatoren des Frankfurter Volksbildungsprogramms wie Karl Flesch, Heinrich Rößler oder Ludwig Opificius nachweisen, doch ist eine ideelle Nähe auszumachen: Manskopfs Museum war für jedermann unentgeltlich geöffnet, und zwar zumindest eine Zeit lang auch bzw. nur sonntags. Manskopf selbst erklärte sich bereit, auf Anfrage auch wochentags zu öffnen bzw. selbst Gruppen durch das Museum zu führen.

Ebenfalls dem Gedanken der Volksbildung verpflichtet, war die Gründung eines Schulmuseums, in dem Frankfurter Lehrer auf Anregung des Stadtschulrates Julius Ziehen im Jahr 1909 „mit städtischer Hilfe eine Sammlung von Büchern, Bildern, Karten und Lehrmitteln für den Anschauungsunterricht" aufbauten.[26] Ziehens Pläne gingen aber noch weiter: Er wollte nämlich ein großes Volksbildungsheim gründen, in dem das Schulmuseum mit untergebracht hätte werden sollen, was aber der Erste Weltkrieg verhindert hat. In der Zeitschrift des Schulmuseums, die 1912 zum ersten Mal erschien, wurde das Museum Manskopfs im vierten Jahrgang umfassend gewürdigt und der Besuch allen Schülern empfohlen. Der Autor Wilhelm Meister macht sich darin anfangs für einen schulischen Musikunterricht stark, der über das gemeinsame

---

[24] Zitiert nach: http://www.fbfv.de/1_1.html (13. August 2019).
[25] Vgl. Seitter (1990), S. 65–80.
[26] Müller (2006), S. 130.

Singen hinausgehen solle. Im Zentrum solle zum einen die „harmonische Entwicklung und Förderung der verschiedenen im Kinde vorhandenen musikalischen Kräfte und Fähigkeiten" stehen, aber auch, damit verbunden, die „Hebung der Kultur des Einzelnen wie schließlich auch des Volksganzen".[27] Der schulische Musikunterricht solle aber ergänzt werden durch Besuche von Konzerten, durch musikalische Schulaufführungen und eben den Museumsbesuch, der pädagogisch gerechtfertigt wird. Manskopfs Museum sei eine „Stätte der Bildung, Anregung und Erbauung".[28] Diese drei Lernziele würden gerade durch die Heterogenität der Exponate erreicht und immer wieder wird bei der ausführlichen Beschreibung des Museums auf deren Anschauungswert verwiesen.[29] Leitmotivisch zieht sich auch durch diesen Artikel, dass gerade die Vielfalt der Objekte, also dass das Museum „jedem etwas zu geben" habe, seinen besonderen pädagogischen Reiz ausmache und ihm deshalb ein „hervorragender Platz unter den Bildungsstätten für Frankfurts Jugend" gebühre.[30] Nur an einer Stelle lässt Meister leichte Zweifel zu, nämlich ob die Präsentation der Schriftzüge und der Notenskizzen Beethovens ihr Ziel bei den Schülern wirklich erreichten. Aber es gab ja noch die Kuriosa.[31]

Auch Manskopf selbst hatte die Frankfurter Schülerschaft als potentielle Besucher im Auge. Der Musik- und Theaterwissenschaftler Albert Richard Mohr erinnerte sich in einem Vortrag, den er zur Eröffnung der Ausstellung zum 50. Todestag Manskopfs hielt, seines ersten Besuches in dessen Museum in den 1920er Jahren:

---

[27] Meister (1920), S. 1.
[28] Ebd.
[29] Vgl. ebd.
[30] Ebd., S. 4.
[31] Eine Würdigung erfährt Manskopf auch durch den Lehrerverein, der darum bittet, das Manskopfsche Museum in die Liste der pädagogisch besonders empfehlenswerten Institute aufzunehmen. Vgl. Büthe (o.J.), S. 28.

Es war in meinen frühen Gymnasiastenjahren, als ich zum ersten Mal jenes Museum in dem schönen Patrizierhaus am Untermainkai 54 besuchte [...]. Noch heute sehe ich Manskopf vor mir, wie er auf mich zutrat, seinen Namen nannte und mich nach dem meinigen fragte, der ihm gewiß nichts sagen konnte, da ich – wenngleich Frankfurter – nicht jenen wohlhabenden Kreisen angehörte, denen er zuzurechnen war. Da sich zu jener Stunde kein weiterer Besucher einfand, führte mich Manskopf höchst persönlich durch die Museumsräume. Zuweilen legte er seinen Arm auf meine Schulter und erklärte mir mit Geduld und Sachkunde all jene Dinge, die mein besonderes Interesse gefunden hatten. Ich entsinne mich noch genau, wie er – etwa auf halbem Wege – mich nach Hause schickte mit der Erklärung, ich könne ja doch nicht alles auf einmal behalten. Als ich hierauf erstaunt reagierte, sprach er den Wunsch aus, ich möge an einem anderen Tag wiederkommen und meine Schulfreunde mitbringen.[32]

[32] Mohr (1978), S. 7.

Treppenhaus im musikhistorischen Museum

Der Sammler und Museumsdirektor

Die Musik steht nicht von Anfang an im Zentrum der Sammelleidenschaft Manskopfs. Noch während seiner Schulzeit sammelt er alles, was er von und über den Schauspieler Samuel Friedrich Hassel bekommt: Briefe, Kritiken, Zeichnungen, Stiche etc.[1] Das Interesse an der Musik und im Besonderen an der Oper kommt erst später. Das kann mit dem Bau des neuen Opernhauses in Frankfurt zusammenhängen, das 1880 in Anwesenheit des 83-jährigen deutschen Kaisers mit Wolfgang Amadeus Mozarts *Don Giovanni* eröffnet wird. Die Familie Manskopf gehörte zu denjenigen, die 1869 dem Spendenaufruf des Frankfurter Oberbürgermeisters Daniel Heinrich Mumm gefolgt waren und mit anderen Frankfurter Bürgern den Bau überhaupt erst ermöglichten.

Von 1890 an verleiht Manskopf Exponate seiner Sammlung für bedeutende Ausstellungen. Anfänglich sind es die Kuriosa, die Aufmerksamkeit erregen: eine Wasserkanne Beethovens, mit der er sich die vom Klavierspiel erhitzten Hände gekühlt haben soll, eine Locke desselben, die letzte Mütze von Louis Spohr, den liebsten Regenschirm Franz Liszts.

Haarlocke Ludwig van Beethovens aus der Sammlung Manskopf

[1] Vgl. Büthe (1969), S. 47.

1892, Manskopf ist noch zur Ausbildung in Paris, verfügt er bereits über eine beachtliche Sammlung. In einem kurzen Hinweis in der Zeitschrift *Lyra* unter dem Abschnitt „Aus der musikalischen Welt" wird auf einen bedeutenden „Handschriften-Fund" hingewiesen:

Herr Friedrich Nicolas Manskopf in Paris [...] hat den gänzlich verschollen geglaubten „Chant du Combat" Rouget de l'Isles des Verfassers des berühmten Revolutionsliedes, der sogenannten Marseillaise, wieder aufgefunden und seiner aus Reliquien von J. S. Bach, Händel, Haydn, Beethoven, Rameau, Gretry, Wagner, Liszt, Berlioz, Rosini [!] u. s. w. bestehenden Sammlung einverleibt. [...] Die bedeutendsten Autographensammler und Kunstkenner sind von der unzweifelhaften Echtheit dieser werthvollen Handschrift überzeugt.[2]

Da Manskopf Mitarbeiter dieser Zeitung war, wird er diesen Artikel vermutlich selbst geschrieben haben. Interessant ist, dass er sich hier offensichtlich bereits als Teil der Sammler-Community sieht.

Auch im Ausland ist bereits in den 1890er Jahren Interesse an seiner Sammlung zu erkennen. Ein Bericht in *Le Guide Musical* aus Brüssel vom Oktober 1894 spricht von der „collection de curiosités musicales",[3] also der Sammlung musikalischer Kuriositäten. 1896 stellt er 600 Objekte der „Exposition du Théâtre et de la Musique" in Paris zur Verfügung, 1897 beteiligt er sich an einer Donizetti-Ausstellung in Bergamo, 1898 ist er bei der „Allgemeinen Musikausstellung" in Berlin dabei, 1900 bei der „International Loan Exhibition of Musical Instruments" in London.[4]

Bis zum Jahr 1899 ist die Sammlung in Manskopfs Elternhaus am Untermainkai 54 untergebracht. Die mit Friedrich Nicolas befreundete, in Frankfurt geborene Sängerin Mathilde Mar-

---

[2] *Lyra* vom 15.7.1892.
[3] Zit. nach Manskopf (1903), S. 13.
[4] Vgl. Mohr (1978), S. 19.

chesi berichtet in unregelmäßigen Abständen in ihren „Reise-briefen" für die *Signale für die musikalische Welt* von der Qualität und Quantität, vom Umfang und Anwachsen der Sammlung. Zum ersten Mal am 4. September 1894:

Herr Manskopf besitzt unter Anderem eine Wasserkanne, eine Gänsefeder und einen Büschel Haare Beethoven's, welche aus dem Nachlasse des Beethoven'schen Biographen Schindler stammen. Ferner die Originalbüste des Componisten der Marseillaise (Rouget de l'Isle) von David d'Angers, das Original-Manuscript des für die ägyptische Armee geschriebenen ‚Chant de Combat', Jugendbild-nisse Liszt's im Alter von 11–15 Jahren, eine große Anzahl der interessantesten Schriftstücke einzelner Componisten wie J. S. Bach, Mendelssohn, Marschner, Padre Martini, Schubert, Grétry, Chopin, Wagner, Berlioz etc.[5]

Im Jahr darauf schreibt sie, dass die „musikhistorische Samm-lung" um „1000 seltene Porträts" und „einige hundert Auto-graphen" reicher geworden wäre,[6] und 1899, da ist das erste Mal vom „musikhistorischen Museum" die Rede,[7] spricht sie von 10.000 Exponaten. Marchesi betont immer wieder die Reichhaltigkeit der Sammlung und greift ganz persönliche Lieblingsstücke heraus. Einen systematischen Überblick liefert sie nicht, kann sie wohl auch nicht liefern, weil Manskopf im-mer nur einen Teil seiner Exponate ausstellen, oder besser, zeigen kann.

---

[5] *Signale für die musikalische Welt* vom 4.9.1894.
[6] *Signale für die musikalische Welt* vom 20.8.1895.
[7] *Signale für die musikalische Welt* vom 26.8.1899. Für Manskopf selbst wird erst mit dem Umzug in die Wiesenhüttenstraße 18 aus der Samm-lung ein Museum. Vgl. seinen unten zitierten Brief vom 21. Juni 1915 an Wilibald Nagel. UB Ffm Manskopf Museumsakten 1914–1915.

Mathilde Marchesi

Entsprechende Wertschätzung erfuhr es bereits zu diesem Zeitpunkt auch außerhalb Frankfurts. In der *Neuen Musikzeitung* liest man am 30. August 1900:

In unmittelbarer Nähe des Hauptbahnhofs, in der Wiesenhütten-strasse, besitzt das Mitglied einer alteingesessenen und hochgeachteten Frankfurter Familie, Herr Fr. Nikolas Manskopf, eine musik-historische Sammlung, die für den Fachmann, wie für den Dilettanten von gleich hohem Interesse sein dürfte. Während wir in Bonn ein Beethoven-Museum, in Wien ein solches für Haydn, in Weimar für Liszt, in Eisenach für Wagner haben, will die Manskopfsche Ausstellung in reicher Mannigfaltigkeit möglichst von allen etwas bringen, deren Namen in der Musik- und Theaterwelt einen guten Klang haben oder wenigstens eine Rolle spielen.[8]

Das Zitat könnte den Eindruck erwecken, als ob Manskopfs Sammlertätigkeit etwas Beliebiges anhaften würde, doch sagen die Presseberichte anderes:

Nicht in regellosem Aufhäufen von teilweise wirklich interessanten Erinnerungen, verbunden mit wertlosem, blos mit irgend einem berühmten Namen in losem Zusammenhang stehenden Plunder bietet die hier in Frage stehende, auf einer ernstwissenschaftlichen Grundlage fussende Sammlung eine Fülle von Anregung in musik-und kulturhistorischem Interesse, die nicht nur das gleich hohe Interesse des Fachmannes, sondern auch das des musikliebenden Laien erwecken muss.[9]

Und Carlos Droste schreibt 1907 in der *Frankfurter Musik-und Theaterzeitung* von „in systematischer Weise und von fachmännischer Hand übersichtlich und nach dem inneren Zusammenhang in Gruppen geordnet[en]" Exponaten, die „Originalmanuscripte, Kompositionen, Briefe, Urkunden, Portraits, Büsten und Reliefs berühmter Tonkünstler, Reliquien, Medaillons, alte interessante Theaterzettel, Carricaturen,

[8] Zit. nach Manskopf (1903), S. 11.
[9] Zit. nach ebd., S. 5.

Costüme, Instrumente und vieles andere mehr" umfassen.[10]
Bis 1908 blieb das musikhistorische Museum in der Wiesenhüttenstraße. Einem Bericht in der *Allgemeinen Musikalischen Rundschau* zufolge ist das Museum zumindest im
Dezember 1900 in zehn Abteilungen gegliedert, von denen in
einer „ausschliesslich Erinnerungen an Frankfurter Künstler
oder solche, die Beziehungen zu unserer Stadt hatten, aufbewahrt sind":[11] ein Bild und ein Manuskript von Georg Friedrich Telemann, ein Flügel, auf dem Felix Mendelssohn
Bartholdy gespielt hat, Erinnerungsstücke an Mathilde Marchesi und Louis Spohr.

Das Frankfurter Adressbuch des Jahres 1909 verzeichnet als
neue Adresse Manskopfs dann Untermainkai 27. Dort stehen
ihm im dritten Stock 12 Räume zur Verfügung,[12] in denen ab
1918 regelmäßig thematische Ausstellungen stattfinden; vorher gab es diese sporadisch (siehe Tabelle). Manskopf selbst
beschreibt sein Museum in einem Brief an die Redaktion der
Neuen Musikzeitung in Stuttgart so:

Das Museum enthält ausser einigen wenigen Instrumenten: Reliquien, Musikalien, Bücher, Urkunden, Originalmanuscripte, Karikaturen, Medaillen, Opern- & Concertzettel, Musikkritiken &
Zeitungsausschnitte, Büsten, Handschriften, Porträts bedeutender
Musiker und musikalischer Fürsten aller Nationen vom 14ten
Jahrhundert bis zur Gegenwart. Besonders sehenswert sind die auf
Beethoven, Wagner, Liszt und die fürstlichen Musikmäcene bezüglichen Sammlungen, ferner die französischen, englischen und historischen Abteilungen, sowie die Bilderausstellungs-Abteilungen
berühmter Sänger & Sängerinnen sowie erster Instrumentalisten.
Der Besitzer des Musikhistorischen Museums Herr Weingrosshändler Nicolas Manskopf, geb. 25. April 1869 zu Frankfurt a/M.
(siehe Riemanns Lexikon) legte bereits im Alter von 12 Jahren
durch Sammeln von auf Musik & Theater bezügliche Autogram-

---

[10] Droste (1907), S. 2.
[11] Zit. nach Manskopf (1903), S. 15.
[12] Vgl. Schmidt-Scharff (1967), S. 8.

men den Grundstock zu dem heutigen Museum. Als Musikhistorisches Museum wurde die Sammlung erst 1900 dem Publikum unentgeltlich zugänglich gemacht. Die notwendige Vervollständigung sowie die Verwaltung des Museums geschieht allein durch den Besitzer Herrn Nicolas Manskopf & zwar neben seinem kaufmännischen Berufe als Weingrosshändler. Eine Verwalterin dient als Führerin der Besucher & als Wächterin der Schätze.

Das in Rede stehende Museum unterscheidet sich von anderen Institutionen allerdings schon auf den ersten Blick dadurch, dass es nicht nur dem Andenken einer einzelnen hervorragenden künstlerischen Persönlichkeit und ihrer Werke und einer damit verbundenen bestimmten musikalischen Richtung und Tendenz gewidmet erscheint, sondern vielmehr in seinem reichen Bestande von jetzt 40.000 Nummern ein mannigfaltiges & erschöpfendes Gesammtbild der Musik- & Theatergeschichte aller Zeiten und Länder gewährt.

Anlässlich der Gedächtnistage bedeutender Meister der Musik veranstaltet das Museum in gewissen Zwischenräumen Sonderausstellungen: so haben u.a. schon eine Mozart-, eine Grétry-, eine Berlioz- & eine Marchesi-Ausstellung stattgefunden.[13]

Nach dem Tod der Mutter im Jahr 1923 sei Manskopf mit seinem Museum in das Haus seiner Eltern am Untermainkai 54 gezogen, schreibt Schmidt-Scharff in seinem maschinenschriftlichen Lebenslauf. Aber zumindest eine Zeit lang muss die Sammlung in beiden Häusern, also sowohl Untermainkai 27 als auch 54 untergebracht gewesen sein. In den *Signalen für die musikalische Welt*, Manskopfs ,Hauszeitung', erscheint am 26. August 1925 (!) eine kurze Mitteilung, in der davon berichtet wird, dass Manskopf die Sammlung bis zum jetzigen Zeitpunkt nicht habe zusammenlegen können, weil „Gründe familiärer Natur verbunden mit der Wohnungsnot und der Wohnungsgesetzgebung" dies verhindert hätten.[14]

Manskopf, der entweder den Artikel selbst geschrieben oder einem Mitarbeiter der Zeitung in die Feder diktiert hat, droht

---

[13] Friedrich Nicolas Manskopf an Wilibald Nagel (21.6.1915), UB Ffm Manskopf Museumsakten 1914–1915.
[14] *Signale für die musikalische Welt* vom 26.8.1925.

mit Schließung bzw. Verlegung des Museums in eine andere Stadt. Die „Gründe familiärer Natur" waren seine beiden Schwestern Marie und Louise, die erst 1927 in der Vogelweidstraße 31 unterkommen. Die Weinhandlung ist laut Frankfurter Adressbuch seit 1925 im Haus am Untermainkai 54 untergebracht, der Privatmann Manskopf wohnt seit 1928 dort.[15] Spätestens in diesem Jahr müssen auch die beiden Teile der Sammlung wieder zusammengeführt worden sein, weil er die Wohnung im Untermainkai 27 aufgegeben hat.

Im Jahr 1924 besteht das Museum aus fünf Räumen, die Manskopf „jeden Vormittag von 11-1 Uhr (außer Sonntags)" geöffnet hat und durch die er oft auch persönlich führt.[16] Die Zeitungs- und Zeitschriftenartikel betonen, dass die Sammlung alle Epochen der Musikgeschichte abdecke, vom Mittelalter bis zur Moderne, dass der Großteil der Sammlung jedoch in Mappen und Kisten in Schränken aufbewahrt werde, weil die Museumsräume zu klein seien, um alles auszustellen. Jubiläen würden dafür genutzt, um entsprechende Exponate in Sonderausstellungen zu präsentieren.

Dem begeisterten Artikel von Georg Schott in der *Frankfurter Zeitung* lässt sich folgende Aufteilung des Museums entnehmen:

Im einen Saal stehen z. B. Erinnerungen an zwei der großen „B's" in der Musik: da gibt es aus Beethovens Zeit und Hausgebrauch seine Schreibfeder, seinen Geldkasten, eine prächtig erhaltene Porzellankanne, in der der Meister Wasser verwahrte, um sich die vom Notenschreiben erhitzte Hand abzukühlen, da ruht eine Haarlocke, die er einst unserer Frankfurter Landsmännin Bettina Brentano-Arnim verehrt hat, da ist noch – aus der Schwelle seines Lebens – die Einladung zum Leichenbegängnis neben vielem anderen zu sehen, und von dem jüngeren Meister Johannes Brahms etwa ein Sonnenschirm. Aus der vorklassischen Zeit gilt als ein Hauptstück der Sammlung mit Recht das Textbuch der ersten Oper „Dafne"

[15] Vgl. Amtliches Frankfurt Adressbuch (1928), S. 389.
[16] Schott (1924).

von Peri, die 1594 zu Florenz aufgeführt wurde und für uns Deutsche auch deshalb von besonderer Bedeutung ist, weil mit ihr die Namen Martin Opitz und Heinrich Schütz nahe verknüpft sind. Bei Mozart notieren wir flüchtig das Programm der Prager Uraufführung des „heiteren Dramas" „Don Giovanni" oder „Il dissoluto punito" (der bestrafte Wollüstling) und seine ersten Pariser Notenstiche (1762!!). Bach und Händel, Gluck und Haydn, Schubert und Schumann reihen sich mit vielen Dokumenten und Bildern an.

Raum für Richard Wagner und Franz Liszt. Im Hintergrund die Büste Schnorrs von Carolsfeld mit dem Lohengrin-Kostüm

Ein Zimmer für sich darf Richard Wagner beanspruchen, der es ja auch nicht unter einem Theater für seine Schöpfungen tat. Porträts aus allen Perioden seines Kämpferlebens, sehr interessante Manuskripte (darunter der Gruß in Gedichtform, den er „An das deutsche Heer vor Paris" 1871 schickte[)], Programme der Erstaufführungen seiner Werke (der „Rienzi" wurde 1843 zu Dresden in zwei Teilstücken an zwei Abenden gegeben!) wechseln mit Zeugnissen

seiner Zeitgenossen Liszt, Bülow, Hans Richter usw., und die großen Bayreuther Sänger und Sängerinnen sind ebenfalls getreu um
ihren „Meister" geschart: ein prachtvolles Oelgemälde zeigt uns
den wuchtigen Titanenkopf des unglücklichen ersten Tristan-
darstellers Schnorr v. Carolsfeld, dessen Lohengringewandung eine
Büste des Sängers umkleidet.

Wieder in einem anderen Raum kommen wir zu Spohr, Meyerbeer –
von dem ein eigenhändig geschriebenes Gästebuch ausliegt – und
zu Mendelsohn[!]. An den liebenswürdigen, jetzt oft sehr mit Un-
recht etwas von oben herab behandelten Komponisten der „Som-
mernachtstraum"-Musik, der Lieder mit und ohne Worte, der
Symphonien und Oratorien, erinnert vor allem sein 1820 von
Broadwood in London gebauter Konzertflügel, an dem viele seiner
wertvollsten Eingebungen hier in Frankfurt zuerst tönendes Leben
erhielten. Aus den englischen Theaterzetteln (play-bills) läßt sich
für die Musikgeschichte manches lernen: daß die Ouvertüre zu
„Euryanthe" von Mozart stammt, wie auf einem von ihnen gedruckt zu lesen ist, diese Entdeckung wird man mit einem kopf-
schüttelnden Lächeln quittieren!

„Weiter gehts in raschem Zug" … noch ein Blick auf die schönen
„Francofurtensien", unter denen etwa die Eröffnungszettel vom
Schauspielhaus auf dem Paradeplatz vom 29.6.1792 und vom
Opernhaus (1880) unsere Aufmerksamkeit fesseln, ein kurzes Ver-
weilen bei der „Peitsche" des Frankfurter Tenoristen Wachtel, der
bekanntlich zuerst Kutscher war und deshalb als „Postillon von
Lonjumeau" eben so gut zu knallen wie zu singen verstand. Dann
betrachten wir noch im langgestreckten Korridor eine interessante
Heerschau von Virtuosen aller Art, von Sängern, Violinisten, Pianisten, beiderlei Geschlechts, deren Züge von Bachs Zeiten bis zur
Gegenwart hier festgehalten, ein instruktives Bild zur Geschichte
der Kunstausübung geben. Herr Manskopf will – und das ist eine
Idee, die seine ganze Sammlung durchzieht – gegen Schillers Wort
ankämpfen, daß dem Mimen (d.h. in unserem Fall überhaupt:
dem nur reproduktiven Künstler!) „Die Nachwelt keine Kränze
flicht" – deshalb hat er auch mit Bienenfleiß alles zusammengetragen, was sich auf die spielenden und singenden Musikanten unserer Tage bezieht, und so ist seine Sammlung zugleich ein „Conser-
vatorium" (Bewahranstalt) in pietätvollstem Sinne. Wie aber die
Großen stets und immer wieder zuerst ihre Gegner und Bekrittler

fanden, wie sie verspottet und verulkt wurden, das zeigt aufs Er-
götzlichste die reiche Karikaturenabteilung, in der als Leidtragende
Beethoven und Wagner und unser früherer Museums-Dirigent
Mengelberg nicht fehlen, und für die aktiv eine ganze Reihe hüb-
scher Aufnahmen Caruso hergestellt hat.[17]

Selbstkarikatur Enrico Carusos

[17] Schott (1924). Auf dem im ISG (Sig. S 1–161) aufbewahrten Zeitungsartikel von Georg Schott ist handschriftlich vermerkt, dass dieser am
3. Mai 1924 in der *Frankfurter Zeitung* erschienen sei. In der entsprechenden Ausgabe ist er allerdings nicht zu finden.

Otfried Büthe bezeichnet Manskopfs Museumsaktivitäten als „von Anfang an werbend-kunstpädagogisch".[18] Er sieht in ihm eine Art Pendant zum Dirigenten Ludwig Rottenberg, der in den 1890er Jahren das Repertoire der Oper neu ordnete und maßgeblich um zeitgenössische Stücke erweiterte. Manskopf lud junge Künstler ein, seine Sammlung zu besichtigen, gab „kulturhistorische Einführungen" zu einzelnen Kompositionen,[19] versuchte aber auch, das Publikum an Werke, Komponisten, ja ganze musikgeschichtliche Epochen heranzuführen. Diese volksbildnerische Tendenz betont Manskopf in nahezu allen Ankündigungen seiner Ausstellungen. Auf textlastige und kostspielige Kataloge zu einzelnen Ausstellungen verzichtet er; eher vertraut er der Wirkung des Materials und seiner eigenen Vermittlertätigkeit, denn, wann immer es möglich ist, führte er selbst durch sein Museum:

Wie Ihnen wohl bekannt, ist mein Museum Sonntags vormittags geöffnet & wird gerade von Amerikanern sehr eifrig besucht. Ich bin jedoch gerne bereit, mein Museum Fremden aus den Vereinigten Staaten auch an Wochentagen zu zeigen, wenn solche die Freundlichkeit haben, mir ihren Besuch einen Tag vorher anzuzeigen.[20]

Dabei ist die Interaktion mit den Besuchern und die Nähe zu den Objekten wichtig. Seine pädagogischen Intentionen gehen so weit, dass er für seine – im Zweiten Weltkrieg stark dezimierte – Instrumentensammlung Kopien nachbauen lässt, wenn er die Originale nicht bekommen kann.

[18] Büthe (o.J.), S. 11.
[19] Ebd., S. 13.
[20] Friedrich Nicolas Manskopf an das Amerikanische Generalkonsulat (5.7.1913), UB Ffm Manskopf Museumsakten 1913–1914. Manskopf litt zeit seines Lebens darunter, dass sein Museum in seiner Heimatstadt nicht die gleiche Würdigung erfuhr, wie „draußen in der Welt", denn es fänden sich „an manchen Tagen mehr Skandinavier, Engländer und Amerikaner zur Besichtigung seiner Schätze" ein „als Einheimische". *Frankfurter Nachrichten* vom 3.7.1928.

Mit ersten eigenen thematischen Ausstellungen beginnt Manskopf nach dem Umzug in die Wiesenhüttenstraße, regelmäßig finden diese dann am Untermainkai 27 statt, manchmal drei pro Jahr. Die meisten sind Komponisten gewidmet und finden – wie das heute noch üblich ist – zu besonderen Jubiläen statt: Beethoven wird mit insgesamt drei Ausstellungen geehrt, Hector Berlioz bekommt zwei, Franz Liszt, Félicien-César David, Johann Strauß, Louis Spohr, Johannes Brahms, Engelbert Humperdinck, Clara Schumann, Jacques Offenbach, Charles Gounod, André-Ernest-Modeste Grétry und Wolfgang Amadeus Mozart bekommen je eine. Fünf bedeutende Sänger sind ‚Gegenstand' von Ausstellungen (Elisabeth Rethberg, Joseph Tichatschek, Enrico Caruso, Jenny Lind, Mathilde Marchesi), zwei komponierende Instrumentalisten (Niccolò Paganini, Henri Vieuxtemps) und ein Dirigent (Hans von Bülow). Daneben gibt es einige Ausstellungen, in deren Mittelpunkt nicht Personen, sondern Institutionen stehen: der „Frankfurter Liederkranz" oder die „Mozart-Stiftung".

Ausstellungen im musikhistorischen Museum von 1901-1928

Jahr	Thema
1901	Hector Berlioz
1901	Giuseppe Verdi
1902	Englische Komponisten („Coronation"-Ausstellung)
1906	Wolfgang Amadeus Mozart
1907	Ludwig van Beethoven
1913	André-Ernest-Modeste Grétry
1913	Mathilde Marchesi
1915	Fürstlich-preußische und Kriegskompositionen
1918	Charles Gounod
1919	Hans von Bülow
1919	Jacques Offenbach
1919	Clara Schumann

1920	Jenny Lind
1920	Henri Vieuxtemps
1920	Ludwig van Beethoven
1921	„Bürgercapitän"
1921	Enrico Caruso
1921	Engelbert Humperdinck
1922	Komponisten-Porträts aus der Goethezeit sowie Kompositionen Goethescher Lieder
1922	Johannes Brahms
1922	Niccolò Paganini
1923	Joseph Tichatschek
1923	Louis Spohr
1925	Johann Strauß
1926	Félicien-César David
1926	Franz Liszt
1927	Hector Berlioz
1927	Ludwig van Beethoven
1928	Elisabeth Rethberg
1928	„Frankfurter Liederkranz" und „Mozart-Stiftung"

Anhand der Ausstellungen Sammelschwerpunkte Manskopfs auszumachen, ist nahezu unmöglich, weil diese ebenso heterogen sind wie sein Museum, das ja, wie oben bereits zitiert, „ein mannigfaltiges & erschöpfendes Gesammtbild der Musik- & Theatergeschichte aller Zeiten und Länder gewährt". Das Interesse an Paganini und Vieuxtemps hat wohl mit Manskopfs persönlicher Biographie zu tun, d. h. mit seinem Violinunterricht in Frankfurt und Lyon, aber auch mit derjenigen der beiden Künstler. Paganini lebte anderthalb Jahre in Frankfurt; Vieuxtemps zog für kurze Zeit ebenfalls nach Frankfurt. Viel länger aber, von 1855 bis 1864, lebte er in Dreieichenhain. Konzerte in Frankfurt gab er seit seinem ersten Auftreten als Solist in einem Museumskonzert immer wieder.

Elisabeth Rethberg war eine bedeutende Strauss-Sängerin, Mathilde Marchesi war ihm persönlich bekannt, Caruso ist mehrfach in Frankfurt aufgetreten. Aber weder sind die Stimmfächer vergleichbar noch das Repertoire der Sänger und auch nicht die Verbindung zur Stadt Frankfurt.

Vergleichbares ist zu den Komponisten zu sagen. Mozart und Grétry gehören ins 18., alle übrigen ins 19. Jahrhundert, einzig Humperdinck lebte noch. Clara Schumann ist eher als Instrumentalistin bzw. bedeutende Lehrerin vertreten, die einen starken Frankfurt-Bezug hat: Sie war von 1878–1892 Klavierlehrerin am Hoch'schen Konservatorium. Die meisten Komponisten arbeiteten für das Theater, Brahms und Liszt aber ausschließlich für den Konzertsaal. Obwohl oder gerade weil Manskopf lange ein eigenes Strauss-Museum plante, hat der Komponist zwar einen eigenen Raum im Museum, bekommt aber keine ihm gewidmete Ausstellung. Die Neudeutsche Schule, zu deren Vorbildern Berlioz und Wagner, zu deren Vertretern Liszt, Raff, Cornelius u.a. gehörten, dominiert die Opposition um Brahms. Hans von Bülow allerdings, der 1919 eine Ausstellung bekam, war nur anfänglich Anhänger der Neudeutschen und wechselte dann das Lager. Strauss wiederum sah sich fest in deren Tradition stehend. Auch wenn der Begriff neudeutsch eine nationale Zugehörigkeit suggeriert, ging es vor allem um ästhetische Fragen wie um die Verbindung von Poesie und Musik; die Nationalität spielte keine Rolle.

Auch in Bezug auf die Ausstellungen, in deren Mittelpunkt einzelne Komponisten stehen, ist Manskopfs Biographie im Hinblick auf seine Aufenthalte in Frankreich und England relevant. Französische Komponisten bilden neben den deutschen die zweitstärkste Gruppe der Ausgestellten, englische werden gleich in der dritten Ausstellung präsentiert. Zu Ehren Königs Edward VII., der am 9. August 1902 in Westminster Abbey gekrönt wurde, vermittelt eine „Coronation"-Ausstellung einen „interessanten Überblick über das englische Musikleben um die Jahrhundertwende".[21]

Einen dezidierten Frankfurt-Bezug haben drei Ausstellungen: Die sogenannte „Bürgercapitän"-Ausstellung im Jahr 1921 stellte das 1821 in Frankfurt uraufgeführte Lustspiel *Der alte Bürger-Capitain* von Carl Malss ins Zentrum, als dessen Protagonist der Schauspieler Hassel viele Jahre reüssierte.[22]

Samuel Friedrich Hassel

---

[21] Mohr (1978), S. 21.
[22] Eine Aufführung in privatem Rahmen fand wohl schon früher statt. Vgl. Hock, Sabine: Malss, Carl, in: Frankfurter Personenlexikon (Onlineausgabe), http://frankfurter-personenlexikon.de/node/432 (13. August 2019).

Das Amt des Bürgerkapitäns, also des Vorstehers eines Stadt-quartiers, der den Brandschutz oder den nächtlichen Wach-dienst organisierte sowie Verwaltungsaufgaben innehatte, war in Frankfurt zwar 1812 abgeschafft worden, wurde aber nos-talgisch verklärt und bot Anlass, das korporative Funktionie-ren des städtischen Gemeinwesens literarisch zu thematisie-ren. Hassel, erstes Sammelobjekt Manskopfs, spielte die Rolle des Bürgerkapitäns rund 120 Mal.[23]

Die letzte von Manskopf kuratierte Ausstellung war die zum 100-jährigen Jubiläum des „Frankfurter Liederkranzes" sowie zum 90-jährigen Jubiläum der „Mozart-Stiftung". Beide sind historisch miteinander verbunden. Der 1828 gegründete Män-nergesangverein war nämlich Initiator des 1838 in Frankfurt veranstalteten „Deutschen Sängerfestes", aus dessen Einnah-men die Stiftung hervorging. Deren Aufgabe war es damals wie heute, junge Komponisten in ihrer Ausbildung zu unter-stützen.[24]

Die erste größere Ausstellung, die gleich auch international medial wahrgenommen wird, ist diejenige über den französi-schen Komponisten Hector Berlioz, offenbar die erste in Deutschland überhaupt. Berlioz wurde zu Lebzeiten (1803–1869) dort stärker rezipiert als in Frankreich. Er selbst berich-tete von seiner ersten Deutschlandreise im Jahr 1841/42 in Form fingierter Briefe, die seine Erfolge in Paris bekannt machen sollten.[25] Eine der ersten Stationen dieser Reise war übrigens Frankfurt, dessen Stadtbild er überaus lobt: „Was für eine hübsche Stadt, rege, lebendig und blühend! Außerdem ist sie wunderbar angelegt, glänzend und weiß wie eine neue

---

[23] Vgl. ebd.
[24] Zur Geschichte der Mozart-Stiftung vgl. Kienzle (2013), zum Lieder-kranz vgl. Fluhrer (1928). Weitere Literatur siehe: https://www.ub.uni-frankfurt.de/musik/musikvereinigungen_literatur.html (13. August 2019).
[25] Die zehn Briefe der ersten Deutschlandreise sind mit den sechs Briefen der zweiten in die *Memoiren* aufgenommen worden. Vgl. Berlioz (1985).

Münze, und ihre nach Art der englischen Gärten mit Bäumen und Blumen bepflanzten Alleen bilden einen grünen, duftenden Gürtel um sie herum."[26] Seine Frankfurter Erfahrungen sind dann allerdings ernüchternd. Ihm zugesagte Konzerte kamen nicht zustande, weil zwei geigende Wunderkinder „jeden Abend ein volles Haus" hätten und man die „große Musik und die großen Konzerte auf einen andern Augenblick aufsparen" müsste, so der Operndirektor.[27] Musikalische Erfolge feiert er dann anderswo: in Stuttgart, Weimar, Leipzig und Dresden.

Bei der Ausstellungseröffnung im Januar 1901 ist der berühmte Dirigent Felix von Weingartner anwesend; deutsche, französische und englische Zeitungen berichten über den Aufbau und die Exponate, wobei die unterschiedlichen Korrespondenten verschiedene Schwerpunkte setzen. In einem handschriftlichen Verzeichnis seien 164 Exponate aufgeführt, die, so ein Berichterstatter, „ein anschauliches Bild von dem Lebensgange und künstlerischen Wirken" böten.[28] Ein Teil der Objekte scheint mit erläuternden Beschreibungen versehen gewesen zu sein, was dafür spricht, dass Manskopf ein informierter Sammler war.

Leben und Werk stehen also im Mittelpunkt einer Ausstellung, die chronologisch angeordnet war. Zu den Exponaten gehören laut *Frankfurter Generalanzeiger* „zahlreiche Porträts, Autogramme, Theater- und Conzertzettel" sowie „Bilder und Erinnerungen an Personen, die zu Berlioz' Leben in Beziehung gestanden, frühere Beurteilungen seiner Kompositionen, 14 Original-Lithographien von Fantin-Latour zu Werken von Berlioz und mehrere sehr gelungene amüsante Karikaturen".[29] Damit bietet Manskopf alles auf, was sein Museum an unterschiedlichen Sammlungsbereichen vorzuweisen hat.

[26] Berlioz (1985), S. 242.
[27] Ebd., S. 243.
[28] Zit. nach Manskopf (1903), S. 22.
[29] Zit. nach ebd., S. 22f.

Hector Berlioz

Zuerst geht es um Berlioz' Ausbildung in Paris, seine Lehrer
und seine Vorbilder, also um Jean-François Le Sueur, dessen
Schüler er 1823 wird, oder François Antoine Habeneck, der
Beethoven in Frankreich bekannt macht und der 1830 die Uraufführung der *Symphonie fantastique* leiten wird. Stellver-
tretend für die Rezeption der Jugendwerke des Komponisten
präsentiert Manskopf eine Besprechung in der *Allgemeinen
musikalischen Zeitung*, die alle Stereotype der Berlioz-Kritik
vereint. Ein weiterer Schwerpunkt liegt auf den Beziehungen
zu Komponisten (Franz Liszt, Felix Mendelssohn Bartholdy),
die sich für ihn einsetzen, Dirigenten (Hans von Bülow, Felix
von Weingartner), die seine Werke aufführen, und Interpre-
ten (Niccolò Paganini), die ihn zu Kompositionen anregen.
Und da im Frankfurter Opernhaus im Januar 1901 *Benvenuto
Cellini* Premiere hatte – das könnte auch der Anlass der

Ausstellung gewesen sein – zeigt Manskopf Kostümbilder der Pariser Uraufführung des Jahres 1838. Einen Abschluss bilden die Karikaturen, die Manskopf in großer Zahl deutschen und französischen Zeitschriften entnahm. Dass die Aufführungen seiner Werke Raum dafür boten, zeigt die oben angeführte Besprechung, in der zu lesen ist, dass seine Kompositionen „[a]lles übertreffen, was bisher Tolles, Bizarres und Extravagantes gehört worden ist. Alle Regeln waren darin mit Füssen getreten, und nur die zügellose Phantasie des Komponisten dominirte durchgehends."[30]

Anlässlich des 100. Geburtstages des französischen Komponisten André-Ernest-Modeste Grétry (1741–1813) wird im Jahr 1913 nicht nur in dessen Geburtshaus in Lüttich das Musée Grétry eröffnet, es findet auch in Frankfurt eine Ausstellung zu Ehren des Komponisten statt. Einem Brief Manskopfs aus dem gleichen Jahr ist zu entnehmen, dass seine „Grétryausstellung nur aus im Besitze des Museums befindlichen Grétry Reliquien bestehen wird".[31] Nun mag es nicht ungewöhnlich sein, dass ein Privatsammler eine Ausstellung nur mit eigenen Objekten bestückt, ungewöhnlich ist jedoch, dass sich ein deutscher Musikaliensammler im Jahr 1913 überhaupt für Grétry interessiert. In Frankreich wurden dessen Opern häufiger gespielt, er war sogar einer der ersten Komponisten überhaupt, die mit einer wissenschaftlichen Gesamtausgabe gewürdigt wurden – der erste Band erschien 1884 –, in Deutschland wurden aber eigentlich nur mehr seine opéras comiques *Raoul Barbe-bleue* und *Richard Coeur de Lion* aufgeführt und die machten wenig Eindruck. „Noch um die Wende des 20. Jahrhunderts", schreibt Walter Petzet in einem Artikel zum 100. Todestag Grétrys, „versuchte Felix Mottl in Karlsruhe, ‚Richard Löwenherz' neu zu beleben, aber er

---

[30] Zit. nach ebd., S. 19.
[31] Friedrich Nicolas Manskopf an Annie Gottgetreu (25.8.1913), UB Ffm Manskopf Museumsakten 1913–1914.

mochte doch fühlen, dass die Musik für ein deutsches Publikum der Gegenwart nicht zu retten sei [...]".[32] Ganz vergessen war Grétry zwar nicht: In der *Neuen Zeitschrift für Musik* publizierte Friedrich von Hausegger 1886 einen Aufsatz zum Thema *Richard Wagner und Grétry*, in dem er sich mit Grétrys Plänen zu einem eigenen Theaterbau auseinandersetzt.[33] Seine Arien wurden immer noch in Liederabenden gesungen, Klavierauszüge von Opern wie *Richard Löwenherz* oder *Die beiden Geizigen* wurden in musikalischen Zeitschriften beworben. Manskopfs Interesse aber muss in seiner Zeit in Frankreich geweckt worden sein und er muss über all die Jahre bis 1913 weiter gesammelt haben.

GRÉTRY.

André-Ernest-Modeste Grétry

[32] Petzet (1913), S. 1382f.
[33] Hausegger (1886).

Die erste Sängerin, die eine eigene Ausstellung bekam, war die am 17. November 1913 in London gestorbene Mathilde Marchesi. Am 17. Dezember 1913 liest man in den *Signalen für die musikalische Welt*:

Das Nicolas Manskopf'sche musikhistorische Museum in Frankfurt a. M. hat anlässlich des Todes von Mathilde Marchesi eine ‚Marchesi-Gedächtnis-Ausstellung' veranstaltet. Unter den Ausstellungsobjekten befinden sich auch Briefe, Porträts und sonstige Dokumente der bedeutendsten Marchesi-Schülerinnen, sowie berühmter Künstler, die mit ihr in Berührung getreten waren.[34]

Manskopf muss unmittelbar nach dem Tod der Sängerin alles, was sich in seinem Besitz befand und in Bezug zu ihr gesetzt werden konnte, in Windeseile zusammen- und ausgestellt haben. Er war ihr persönlich verbunden, hatte viele Künstler über sie kennen gelernt und außerdem war sie eine der ersten, die Werbung für Manskopfs Sammlung gemacht hatten, und zwar in ihren Reisebriefen, veröffentlicht in den 1890er Jahren in eben diesen *Signalen*. 1916 übergibt Manskopf dem Frankfurter Opernhaus eine Büste Marchesis, die im Foyer aufgestellt werden soll. Und wenn man sich fragt, warum auch das eine Meldung Wert ist: „Die berühmte Gesanglehrerin war bis zu ihrem Tode (1913) eine getreue Abonnentin der ‚Signale' gewesen."[35]
Die schwedische Sopranistin Jenny Lind (1820–1887) wird aus Anlass des 100. Geburtstages 1920 mit einer Gedächtnisausstellung geehrt und unmittelbar nach dem Tod Enrico Carusos im Jahr 1921 richtet Manskopf diesem zu Ehren eine Ausstellung aus. Der italienische Tenor war in den Jahren zwischen 1907 und 1911 regelmäßiger Gast an der Frankfurter Oper und trat hier in Rollen wie Radames (*Aida*), Duca di

---

[34] *Signale für die musikalische Welt* vom 17.12.1913.
[35] *Signale für die musikalische Welt* vom 17.5.1916.

Mantova (*Rigoletto*), Rodolfo (*La Bohème*), Mario Cavaradossi (*Tosca*), Don José (*Carmen*) und Canio (*Pagliacci*) auf. Die Vorstellungen waren ausverkauft, das Publikum war hingerissen. Die Schriftstellerin Lili von Baumgarten erinnert sich:

Es waren unvergeßliche Abende. Noch sehe ich ihn vor mir als Canio im weißen Bajazzokittel mit den weiten über die Hände herabfallenden Ärmeln. Im zweiten Akt stand er im Vordergrund dicht an der Rampe, während auf der kleinen Bühne Nedda kokettierte, tanzte und sang. Ich hatte schon manche Sänger in dieser Szene ihre Eifersucht zum Ausdruck bringen und ihr Möglichstes tun sehen, um das böse Ende unausbleiblich erscheinen zu lassen. Caruso stand ganz ruhig mit unbeweglichem wie im Schmerz erstarrtem Gesicht. Langsam, sehr langsam krempelte er seine Ärmel hoch, erst den einen, dann den anderen, damit seine Hände frei wurden. Weiter nichts. Aber wie er das machte, das war in seiner Sachlichkeit überzeugender als alles, was ich je zuvor an dramatischen Effekten erlebt hatte.[36]

In Manskopfs Porträtsammlung finden sich neben sogenannten Brust-, Hüft- und Kniebildern sowie Ganzfigur- und Gruppenbildnissen mehrere Rollenbilder Carusos, die ihn in genau den Partien zeigen, die er in Frankfurt gesungen hat.

[36] Zit. nach *Frankfurter Neue Presse* vom 21.6.1958.

Enrico Caruso als Canio

Der Tenor Joseph Tichatschek (1807–1886), gefeiert in Richard Wagners *Rienzi*, im *Tannhäuser* und im *Lohengrin,* wurde 1923 geehrt. Elisabeth Rethberg (1894–1976) widmete Manskopf eine eigene Ausstellung 1928, dem Jahr, in dem die Sängerin in Dresden die Titelpartie in der Uraufführung der *Ägyptischen Helena* von Richard Strauss sang. Jubiläumsausstellungen waren auch diejenigen für die Violinisten (und Komponisten) Niccolò Paganini (140. Geburtstag) und Henri Vieuxtemps (100. Geburtstag). Mit Hans von Bülow wird ein hochgeschätzter Wagner-Dirigent zum 25. Todestag geehrt.

Wie oben schon erwähnt, verleiht der Sammler Manskopf seit den 1890er Jahren seine Objekte, achtete dabei aber peinlich genau darauf, dass die Presse darüber berichtet. Die *Lyra* unter der Rubrik „Aus der musikalischen Welt":

Anläßlich der im Jahre 1896 in Paris veranstalteten Musik- und Theater-Ausstellung, bringen die hervorragendsten Musikblätter, wie Le Menestrel, Le Monde artiste, L'Europe artiste Mittheilungen über die, durch den fleißigen Sammler und Musikhistoriker M. [!] Nicolas Manskopf in Frankfurt a. M. ausgestellten Porträts, Handschriften und Carricaturen von Componisten, Sängern und Sängerinnen. Man nennt diese Sammlung einzig in ihrer Art und von unschätzbarem Werthe.[37]

Im Wagner-Jahr 1913 sind vor allem seine Wagneriana gesucht. Der Frankfurter Kunstverein fragt für eine Wagner-Ausstellung ebenso an wie das Verlagshaus Bong & Co., das für eine Biographie Wolfgang Golthers Material zur Reproduktion benötigt.[38] Doch er wägt ab beim Verleihen: Als der „Geschichts- und Verkehrsverein Dreieichenhain" Bilder des Geigers Henri Vieuxtemps ausleihen möchte, verweigert Manskopf die Herausgabe.

Die wohl bedeutendste Ausstellung, die Manskopf mit Leihgaben versorgte, war die 1927 in Frankfurt im Rahmen des „Sommers der Musik" stattfindende ‚musikalische Weltausstellung' mit dem Titel „Musik im Leben der Völker". Das vom 11. Juni bis zum 28. August dauernde Festival bestand zum einen Teil aus Konzerten und zum anderen aus einer monumentalen Ausstellung in der Messehalle. Zur Eröffnung sprach neben dem Reichsaußenminister Gustav Stresemann u.a. der französische Bildungsminister Eduard Herriot – die Organisatoren inszenierten die Eröffnungszeremonie nämlich zu einer internationalen Versöhnungsfeier nach dem Ersten Weltkrieg,

---

[37] *Lyra* vom 1.7.1897.
[38] Vgl. Frankfurter Kunstverein an Friedrich Nicolas Manskopf (4.9.1913) sowie Deutsches Verlagshaus Bong & Co. an Friedrich Nicolas Manskopf (23.10.1913), UB Ffm Manskopf Museumsakten 1913–1914.

zu der auch weitere Regierungsvertreter aus ganz Europa und der Sowjetunion kamen. Ganz im Sinne Manskopfs waren dann auch die Eröffnungsreden, die die universale und völkerverbindende Macht der Musik betonten.[39] Im Vorwort des Ausstellungskatalogs erläutert die Kuratorin Kathi Meyer sehr knapp den Aufbau:

Entwicklung der einzelnen musikalischen Formen (Historische Abteilung und Operngruppe); eine völkerkundliche Übersicht über die Evolutionen der Instrumenten-Typen und der exotischen Länder (Ethnographische Abteilung); die Geschichte der Musik in den verschiedenen Ländern und Städten; dann das Entstehen der einzelnen Instrumente, historisch oder technisch praktisch. – Daß schließlich der Musikbetrieb der Gegenwart mehr Raum beansprucht, als ihm entwicklungsgeschichtlich zusteht, wird wohl niemand beanstanden. Musikbetrieb im Haus, in der Schule, im Konzertsaal – mechanische Instrumente und Radio – moderne Musikalien und Musikbücher [...].[40]

Die Medien berichten über die Ausstellung, lange bevor sie eröffnet wird. In der *Zeitschrift für Musikwissenschaft* kündigt man im April bereits an, dass „[b]esonders wertvolle Manuskripte und Drucke" von den „Frankfurter Sammlungen der Musikbibliothek Paul Hirsch und von Louis Koch, sowie Nikolaus Manskopf" beigesteuert werden.[41] Der unvollständige Katalog führt zehn Exponate aus Manskopfs Museum nur für einen Raum an, und zwar den der Stadt Frankfurt a. M. gewidmeten. Zu den anderen Ländern und Städten hätte er sicherlich ebenfalls Objekte zur Verfügung stellen können, doch wurden diese mit Leihgaben aus entsprechenden nationalen Sammlungen zusammengestellt.

Manskopf war aber nicht der einzige Frankfurter Sammler, der die internationale Ausstellung bestückte. Paul Hirsch war

---

[39] Vgl. Ziemer (2008), S. 111–113.
[40] Meyer (1927), S. Vf.
[41] [ohne Titel] Zeitschrift für Musikwissenschaft 9 (1927), Heft 7, S. 447.

ein anderer und in gewisser Weise eine Art Pendant Manskopfs.[42] 1881 ebenfalls in Frankfurt geboren, erhielt Hirsch eine kaufmännische Ausbildung in der Firma seines Vaters, eines Roheisen-Lieferanten. Wie Manskopf bekam er Geigenunterricht und baute sich seine Sammlung eigenständig und nebenberuflich auf. Im Gegensatz zu Manskopf aber sammelte Hirsch ausschließlich Bücher, vor allem musikwissenschaftliche, und Notenausgaben. Leitlinien waren ihm dabei „wissenschaftliche Bedeutung, gute Erhaltung, Seltenheitswert, Typographie, Einband und Ausstattung".[43] Wie Manskopf verlieh er Objekte, so etwa für die von Dezember 1908 bis Januar 1909 im Frankfurter Kunstgewerbemuseum stattfindende Ausstellung „Schmuck und Illustrationen von Musikwerken in ihrer Entwicklung vom Mittelalter bis in die neueste Zeit". Vor allem aber war Hirsch Herausgeber von Katalogen und Notendrucken, die oft in Zusammenarbeit mit Musikwissenschaftlern entstanden. 1906, im gleichen Jahr, in dem Manskopf eine Mozart-Ausstellung präsentierte, erschien der *Katalog einer Mozart-Bibliothek*, ein Verzeichnis aller Werke von und über Mozart, die Hirsch gesammelt hatte. Mit dem Berliner Johannes Wolf veröffentlichte er zwischen 1922 und 1934 elf Bände seltener Werke aus seinen eigenen Beständen, mit seiner Bibliothekarin Kathi Meyer mehrere Katalogbände, u.a. ein Verzeichnis seiner mehr als 1.000 Opernpartituren. Seit 1909 war seine Sammlung öffentlich zugänglich, seit 1922 entstand ein öffentlicher Bibliotheksbetrieb, in erster Linie für Studierende und Hochschüler des Konservatoriums, also (angehende) Musikwissenschaftler und Musiker. Ebenso sind Hirschs Interessen im Gegensatz zu denjenigen Manskopfs in erster Linie wissenschaftlicher und bibliophiler Natur.[44]

---

[42] Zum Folgenden vgl. Massar (2008). Hirsch stellte ebenso wie der Frankfurter Autographensammler Louis Koch vor allem Notendrucke für die historische Abteilung der Ausstellung zur Verfügung.

[43] Massar (2008), S. 127.

[44] Im Sommer 1936 emigrierte Hirsch nach England, nachdem er den größten Teil seiner Sammlung unbemerkt schon vorher dorthin hatte

Während Hirsch mit Kathi Meyer eine wissenschaftliche Mitarbeiterin einstellte, erledigte Manskopf auch noch die Pressearbeit allein.[45] Er schreibt an Zeitungen, weist auf Ausstellungen hin, erinnert an Jubiläen:

[…] jedoch bin ich in grosser Eile, da ich unbedingt Ende September wegen der von mir beabsichtigten Grétry-Ausstellung wieder Hier sein muss. Einige Notizen darüber werden morgen an die Presse gelangen. Sollten Sie diese Notizen, die ich Ihnen einliegend übersende, für irgend eine Ihrer Zeitungen zwecks Aufnahme gebrauchen können, so wäre ich Ihnen zu grossem Danke verpflichtet.[46]

Als die *Allgemeine Musikzeitung* eine Verdi-Nummer plant, bietet er seine beiden Verdi-Briefe zum Abdruck an, nicht ohne darauf hinzuweisen, ihn als Besitzer zu nennen und ihm „eine grössere Anzahl" an Belegexemplaren zukommen zu lassen.[47] Zur Pressearbeit gehörte auch, Pressestimmen zu sammeln und einen Pressespiegel anzulegen. Verschiedene Nachrichtenbüros boten Manskopf dafür immer wieder ihre Dienste an. Bei den Zeitungen bedankte er sich oft persönlich für die Berichterstattung und erbat sich gleich mehrere Nummern der entsprechenden Ausgabe „unter billigster Berechnung & zwar gegen Nachnahme".[48] Diese wurden dann entweder im Museum ausgelegt oder als Werbung verschickt.

schaffen lassen. Von 1936 bis 1945 war sie in Räumen der Universität Cambridge untergebracht, heute ist sie Teil der British Library. Zur Geschichte der Musikbibliothek Hirsch in England vgl. Massar (2008), S. 135f.

[45] Büthe erwähnt als einzigen ‚Mitarbeiter' Manskopfs den Prokuristen Lampus, der, ebenfalls theateraffin, beim Aufbau des Museums und bei der Katalogisierung mithelfe. Vgl. Büthe (o.J.), S. 17.

[46] Friedrich Nicolas Manskopf an Alfred Kalisch (14.8.1913), UB Ffm Manskopf Museumsakten 1913–1914.

[47] Friedrich Nicolas Manskopf an die Redaktion der *Allgemeinen Musikzeitung* (3.10.1913), UB Ffm Manskopf Museumsakten 1913–1914.

[48] Friedrich Nicolas Manskopf an die Redaktion der *Hamburger Nachrichten* (1.10.1913), UB Ffm Manskopf Museumsakten 1913–1914.

Streng achtete Manskopf darauf, dass sein Museum in entsprechenden Führern erwähnt wurde. Fritz Baedeker in Leipzig schickte er „verschiedene Notizen, welche auf das Musikhistorische Museum Bezug haben".[49] Das war der Verleger, der zum Ende des 19. Jahrhunderts hin sein Programm um Reiseführer erweiterte und mit diesen einen riesigen Verkaufserfolg erlangte. Die Redaktion des *Frankfurter Fremdenblatts* bat er, auf sein Museum hinzuweisen, das „unter der Rubrik ‚Sehenswürdigkeiten'" fehlen würde, „was ohne Zweifel nur [auf] ein Versehen zurückzuführen" sei,[50] und verwies auf entsprechende Notizen in der *Frankfurter Zeitung*, den *Frankfurter Neuen Nachrichten* und dem *Frankfurter Adressbuch*. Manskopf war also viel mehr als Sammler und Museumsdirektor – und ‚nebenher' betrieb er einen Weinhandel, der die ganze Museumsarbeit finanzieren musste.

[49] Friedrich Nicolas Manskopf an Fritz Baedeker (4.4.1914), UB Ffm Manskopf Museumsakten 1913–1914.
[50] Friedrich Nicolas Manskopf an die Redaktion des *Frankfurter Fremdenblatts* (29.1.1914), UB Ffm Manskopf Museumsakten 1913–1914.

Jules Massenet

Manskopf und Richard Strauss

Im Juni 1914 setzte Friedrich Nicolas Manskopf ein Schreiben auf, das seinem Entschluss Ausdruck verlieh, in Frankfurt auf der Basis seiner eigenen Bestände ein Museum für den wohl bedeutendsten deutschen Komponisten dieser Zeit zu gründen:

Aus Anlass des am 11. Juni ds. Jahres stattfindenden 50sten Geburtstages von Richard Strauss hat sich der Weingrosshändler Nicolas Manskopf entschlossen, in seiner Vaterstadt Frankfurt a/M., in welcher stets das lebhafteste Interesse für die Werke dieses grossen Componisten gezeigt wurde und woselbst auch die Uraufführung von ,Heldenleben', ein Cyclus seiner Opernschöpfungen, stattfand, ein Richard Strauss-Museum zu gründen, in ähnlicher Weise wie es sr. Zt. Oesterlein in Wien durch Gründung eines Wagner-Museums dem grossen Meister Wagner zu Ehren getan hat.
Das Richard Strauss-Museum soll im Laufe des Winterhalbjahres spätestens jedoch im Frühjahr 1915 zur Eröffnung gelangen und verspricht, da schon jetzt eine sehr bedeutende Anzahl auf Richard Strauss bezügliche Documente, Porträts, Bilder von Urdarstellern seiner Schöpfungen und von seinen Freunden und vieles andere sehr Interessante im Besitze des Veranstalters sich befindet, ausserordentlich reichhaltig und anziehend für das Publikum zu werden.[1]

Dass in Frankfurt „das lebhafteste Interesse" an den Kompositionen von Strauss bestände, damit hatte Manskopf recht. Seit der Aufführung der *Symphonie in f-Moll* (op. 20) am 7. Januar 1887 im sechsten Museumskonzert wurden in Frankfurt alle größeren Orchesterwerke von Strauss aufgeführt, zwei davon kamen sogar zur Uraufführung: *Also sprach Zarathustra* am 27. November 1896 und *Ein Heldenleben* am 3. März 1899. In den Jahren zwischen 1896 und 1899 sang Pauline Strauss-de Ahna mehrfach die Lieder ihres Mannes im

---

[1] Friedrich Nicolas Manskopf (Juni 1914), UB Ffm: Slg. Mans. C 22.

Rahmen der Museumskonzerte. Auch die meisten Opern wurden in Frankfurt bald nach der Uraufführung in Szene gesetzt.[2]

Manskopfs Interesse an Strauss könnte durch die Frankfurter Aufführung der *Symphonie in f-Moll* geweckt worden sein, denn die erste Kontaktaufnahme von seiner Seite fand im Jahr 1887 statt. Manskopf erkundigte sich nach dem Druck des ersten Hornkonzerts (op. 11) und Strauss schrieb nach Lyon, dass das Konzert bei Aibl in München erschienen sei.[3] Ein Anfang war gemacht und Manskopf hielt Kontakt: Er gratulierte zu Geburtstagen, Erfolgen und versorgte Strauss mit Materialien:

Lieber Herr Manskopf! Besten Dank für das interessante Karikaturbuch, das Sie mir geschickt. Wer ist, bitte, Dr. Storck? Der Mann hat unlängst einen Artikel über den Rosencavalier geschrieben, der mir vollständig unverständlich ist. Er verwechselt mich darin fortwährend mit dem Apostel Paulus. Ich lasse mich ja gerne belehren, aber verstehen muß man, was der Mentor meint. Ich wüßte gerne, was er will. Künstlerisches Schaffen ist Betätigung eines Naturtriebs, der mit Liebe zur Menschheit recht wenig zu tun hat, von welcher er dem Künstler meistens nach Kräften verekelt wird.[4]

Der Zeitpunkt der Museumsgründung war dann allerdings denkbar ungünstig gewählt, das konnte Manskopf aber nicht vorhersehen. Am 28. Juni 1914 war der österreichische Thronfolger Erzherzog Franz Ferdinand in Sarajewo einem Attentat zum Opfer gefallen, woraufhin Österreich-Ungarn am 28. Juli Serbien den Krieg erklärte. Das Deutsche Reich stand zum Bündnis mit Österreich-Ungarn, machte mobil und

---

[2] Vgl. Kersting-Meuleman (2015), S. 27.
[3] Vgl. Richard Strauss an Friedrich Nicolas Manskopf (20.6.1887), UB Ffm: Slg. Mans. A 35.
[4] Richard Strauss an Friedrich Nicolas Manskopf (19.3.1911), UB Ffm: Slg Mans. A 37. Auch mit Pauline Strauss-de Ahna stand Manskopf in brieflichem Kontakt. Vgl. UB Ffm Slg. Mans. 1–6. Sie bat ihn in einem Nachsatz zu einem Schreiben aus dem Jahr 1923 sogar um die Zusendung seines Weinprospektes. Vgl. Pauline Strauss-de Ahna an Friedrich Nicolas Manskopf (28.6.1923), UB Ffm: Slg. Mans. A 5.

erklärte zuerst Russland und dann Frankreich den Krieg. Am 3. bzw. 4. August marschierten deutsche Truppen in Belgien ein. Im Frühjahr 1915, als Manskopf eröffnen wollte, standen sich deutsche und französische Truppen bei Ypern gegenüber und verloren sich zusehends in einem Stellungskrieg, während die Deutschen an der zweiten Front in Ostpreußen gegen die Russen vorgingen.

Manskopf ließ sich allerdings vom Krieg nicht beirren. Gleich im Februar 1915 schrieb er aus Leipzig an Strauss, ob er sich nicht „die Kiste oder die Kisten auf dem Boden, von denen Sie mir vor einigen Monaten in Frankfurt sprachen, einmal ansehen" könnte.[5] Er muss also mit dem Komponisten bereits über den Plan gesprochen haben. Der nicht abgeneigte Strauss antwortete unmittelbar, denn die Zeit drängte: „Wenn Sie also bei mir auf dem Speicher herumspionieren wollen, müssen Sie es recht bald tun, denn wenn meine Frau schon im Stöbern ist, lässt sie Sie nicht mehr herein."[6] Die Verhandlungen mit der Stadt Frankfurt glaubte Manskopf auch in schwierigen Zeiten dadurch vorantreiben zu können, dass er „einige Belege über den Wohltäter Richard Strauss" zu erlangen suchte, hatte dieser doch in Berlin „ein grosses Concert zum besten der Notleidenden" gegeben.[7] Manskopf war sich der zeithistorisch problematischen Situation also durchaus bewusst.

Im Juni 1920 war die Beziehung zwischen Manskopf und Strauss enger geworden, aus dem „hochverehrten Meister" war jetzt auch ein „Freund" geworden,[8] zumindest wurde er in Briefen als solcher bezeichnet. Die „Vorbereitungen für das beabsichtigte Richard Strauss-Museum" wären nun „soweit

---

[5] Friedrich Nicolas Manskopf an Richard Strauss (Februar 1915), UB Ffm: Slg. Mans. C 10.

[6] Richard Strauss an Friedrich Nicolas Manskopf (28.2.1915), UB Ffm: Slg. Mans. A 39.

[7] Friedrich Nicolas Manskopf an Richard Strauss (Februar 1915), UB Ffm: Slg. Mans. C 10.

[8] Friedrich Nicolas Manskopf an Richard Strauss (16.6.1920), UB Ffm: Slg. Mans. C 11.

gediehen, dass die Eröffnung in den nächsten Monaten vorgenommen werden könnte",[9] berichtete wiederum etwas voreilig der potentielle Museumsgründer.

Richard Strauss-Raum im musikhistorischen Museum um 1920

Interessanter noch als der ungebrochene Optimismus Manskopfs war eines der Ziele, die er mit dem Museum zu erreichen hoffte. Er äußerte nämlich die Erwartung, „dass die Gesamtausstellung mit dazu beitragen wird, die gesprengten geistigen

[9] Ebd.

Brücken zwischen den Nationen wieder aufzubauen".[10] Das war nötig in einer Zeit der Verstärkung des Nationalgefühls, der Auseinandersetzungen über die Friedenverträge und der Verzögerung der wirtschaftlichen Wiedervereinigung Europas. Aus Manskopf spricht hier nicht der Weinhändler, dessen Unternehmen schwere Einbußen erlitt, auch weil zeitweise die Handelsbeziehungen mit Frankreich, England und anderen Nachbarländern eingeschränkt bzw. unterbrochen waren, sondern der transnationale Musikenthusiast, der mehrere Jahre in Frankreich und auch in England gelebt und dort viele Freunde gefunden hatte. Dass er am 1. Juni 1918, also noch während des Ersten Weltkriegs in seinem musikhistorischen Museum eine Ausstellung über den französischen Komponisten Charles Gounod eröffnete, zeigt, dass ihm die antifranzösischen Ressentiments, die nach Unterzeichnung des Waffenstillstandsvertrags und des Versailler Vertrags am 28. Juni 1919 noch stärker wurden, fremd waren. Gegenwind kam aus den deutschen Zeitungen, von der *Allgemeinen Musikzeitung* etwa, die fragte: „War es wirklich jetzt im Kriege notwendig, einen Franzosen durch eine besondere Ausstellung zu feiern?"[11] Und die *Hamburger Nachrichten* befanden, dass man „diese Art von Toleranz und diese Huldigung an das feindliche Ausland als bedenklich und gefährlich bezeichnen" müsste.[12] Auch im Juni 1924, Manskopf gratuliert Strauss zum 60. Geburtstag, ist das Museum noch nicht eröffnet. Im Briefkopf liest man zwar „Richard Strauss-Museum. Eröffnung nach Friedensschluss. Begründer und Besitzer: Weingroßhändler Nicolas Manskopf",[13] doch ist er vorsichtiger in seinen Formulierungen geworden:

[10] Ebd.
[11] Zitiert nach Büthe (o.J.), S. 25.
[12] Zitiert nach ebd.
[13] Friedrich Nicolas Manskopf an Richard Strauss (6.6.1924), UB Ffm: Slg. Mans. C 14. 1.

Das ‚Richard Strauss-Museum', dessen Bestände sich in der Zwischenzeit sehr vermehrt haben, – inbesondere [!] sind viele hervorragende darstellende uns [!] ausübende Künstler Ihrer Schoepfungen demselben einverleibt worden – und für welches das Interesse immer lebhafter wird, ist soweit gediehen, dass es bei passender Gelegenheit dem kunstliebenden Publikum zugänglich gemacht werden kann.[14]

Manskopf scheitert schließlich mit der Eröffnung an den räumlichen Gegebenheiten bzw. bürokratischen Hürden. An Strauss am 23. Dezember 1926:

Mein ‚Richard Strauss-Museum', das ich Ihnen s. Zt. zeigen durfte, konnte ich leider noch immer nicht der Oeffentlichkeit zugängig machen, da ich die damals bewohnten Räume aufgegeben habe und trotz all meiner Bemühungen, trotz zahlreicher Gesuche an unsere städtischen Behörden infolge der bestehenden Wohnungsgesetze geeignete Räumlichkeiten nicht erlangen konnte.[15]

Ans Aufgeben dachte er jedoch nicht: „Immerhin lasse ich mich nicht entmutigen und setze das begonnene Werk unentwegt fort, finde darin auch weitgehendste Unterstützung von Anhängern und Verehrern Ihrer grossen Kunst."[16] „Seiner Zeit" das war 1924, als Strauss „anlässlich seines Aufenthaltes in Frankfurt" Manskopfs Sammlung besichtigte.[17]
Letztlich resignierte Manskopf aber doch. In einer Pressemitteilung vom Mai 1926 führte er noch einmal alles an, was für sein Museum sprach – die Bedeutung des Komponisten, die Frankfurter Aufführungen der Werke durch die Museumsgesellschaft, die Exponate, das Interesse im In- und Ausland – und drohte mit der Verlegung des Museums:

---

[14] Ebd.
[15] Friedrich Nicolas Manskopf an Richard Strauss (23.12.1926), UB Ffm: Slg. Mans. C 17.1.
[16] Ebd.
[17] Manskopf, Friedrich Nicolas: Richard Strauss und Frankfurt a.M., UB Ffm: Slg. Mans. C 21. 1.

Wenigen deutschen Meistern der Tonkunst dürften zu Lebzeiten solche Ehrungen wie Richard Strauss, Ehrenbürger der Städte Wien, München, Weimar und Salzburg, zu Teil geworden sein.

Wien schenkte ihm eine Villa, Dresden taufte den Residenzplatz in Richard Strauss-Platz um. Ebenso hat die Stadt Braunschweig ihre Richard Strauss-Strasse.

Auch die Frankfurter Museums-Gesellschaft E.V. nahm frühzeitig das grösste Interesse am Richard Strauss'schen musikalischem Aufstiege, und ihr augenblicklicher künstlerischer Leiter, Professor Clemens Krauss und sein ihm unterstehendes Orchester bringen Strauss'sche Orchesterwerke zu ungemein mustergültiger Aufführung.

Anlässlich seines 50jährigen Geburtstages im Jahre 1914 wurde in Frankfurt a.M. von privater Hand der Grundstock zu einem ‚Richard Strauss-Museum' gelegt, und die gesamte deutsche und ausländische Presse bekundete hierfür grosses Interesse, konnte es doch ein Richard Wagner erleben, dass ihm noch zu seinen Lebzeiten ein Museum errichtet wurde.

Richard Strauss nahm auch schon Gelegenheit, das noch nicht dem allgemeinen Publikum zugänglich gemachte, aber bereits Tausende von Nummern enthaltende ‚Richard-Strauss-Museum' anlässlich seines Aufenthaltes in Frankfurt a.M. im November 1924 in Augenschein zu nehmen und hielt nicht damit zurück, seine Anerkennung und Freude lebhaft zum Ausdruck zu bringen. Ebenso versprach er dem Museum Unterstützung in jeder Weise. Sehr war der Komponist des Rosenkavaliers darüber erfreut, dass in dem Museum auch aller seiner Mitarbeiter und derer, die zu seinem Ruhme beigetragen haben, in gebührender und pietätvoller Weise gedacht worden ist.

Frankfurt a.M. kann wohl stolz auf diese Gründung sein, umsomehr, als es an ähnlichen Ehrungen, wie in den vorerwähnten Städten, eigentlich fehlt.

Es ist nur lebhaft zu bedauern, dass maassgebende städtische Behörden nicht in grösserem Maasse bemüht sind, für dieses unserem grössten lebenden deutschen Meister der Tonkunst gewidmete, kulturelle Kunstinstitut, für das viele In- und Ausländer durch Ueberlassung von bezüglichen Dokumenten ihr Interesse und somit auch für die Stadt Frankfurt a.M. bekundeten, entsprechende Räume in Frankfurt a.M., wenn vielleicht auch unter Bringung einiger nicht zu umgehender, geringer Opfer, zu verschaffen, ehe die

Museumsgegenstände eingepackt und die Verlegung des Museums in eine andere Stadt in Erwägung gezogen werden muss.[18]

Soweit kam es nicht, auch weil Manskopf im Juli 1928 starb. Ein eigenes Museum hat Strauss in Frankfurt nicht bekommen, doch wurde der Komponist auch in den folgenden Jahren hochgeschätzt. Zum 125-jährigen Bestehen der Museums-Gesellschaft dirigierte er im Jahr 1933 das Festkonzert, auf dessen Programm auch sein *Zarathustra* stand. Bei dieser Gelegenheit ernannte ihn der Vorstand der Gesellschaft zu ihrem Ehrenmitglied.

Heute umfasst die Richard Strauss-Sammlung der Universitätsbibliothek 920 Einheiten:[19] 76 Plakate zu Opernaufführungen, Konzerten und Strauss-Festspielen (München 1910, Stuttgart 1912, Leipzig 1926, Frankfurt 1927); Tageszettel; Programmhefte: 20 katalogisierte (1881–1943), rund 50 unkatalogisierte; 7 Bühnenbild- und Kostümentwürfe (Ludwig Sievert 1926, 1927; Helmut Jürgens 1939; Dominik Hartmann 1953); Karikaturen; Porträtphotos Richard Strauss: rund 100 Einzelbildnisse, 15 Doppelbildnisse mit anderen Personen; 547 Szenenphotos;[20] 57 Briefe; Musikhandschriften.

Die Bestände Manskopfs hätten also leicht ein eigenes Museum füllen können. Neben denen des Richard Strauss-Museums in Garmisch-Partenkirchen und den Nachlässen bei der Richard Strauss-Gesellschaft und in der Bayerischen Staatsbibliothek gehört die Frankfurter Sammlung zu den größten.[21] Erschlossen ist sie nur teilweise.

Nicht alle Nummern gehen allerdings auf die Sammlung von Manskopf zurück – das zeigt sich schon an den Jahreszahlen –,

---

[18] Ebd.
[19] Zum Folgenden vgl. Kersting-Meuleman (2011), S. 69f. Bei der Aufzählung fehlen die 13 Libretti.
[20] Zur Übersicht über die Photos vgl. Kersting-Meuleman (2015), S. 92.
[21] Vgl. ebd., S. 114f.

sie wurden aber nach seinem Tod in die Sammlung integriert.[22] Von den 57 Briefen etwa kamen 31 aus den Beständen der Frankfurter Stadtbibliothek sowie mehrheitlich aus dem Nachlass des eng mit Strauss befreundeten Komponisten Engelbert Humperdinck.[23] 26 Briefe und Karten allerdings stammen aus dem Besitz Manskopfs, darunter solche an den Pianisten und Komponisten Hans Bronsart von Schellendorf, den Gesangspädagogen Maximilian Fleisch, Lehrer am Hoch'schen Konservatorium und Dirigent des Sängerchors des Frankfurter Lehrervereins, und diejenigen an Manskopf selbst. Nicht immer sind sie besonders aufschlussreich, etwa wenn Strauss an Fleisch von der Geburt des Sohnes Franz berichtet: „Montag Abend ist ein Riesenbube von 8 Pfund gekommen; Frau u. Kind wohlauf".[24] Interessanter ist ein Brief an Bronsart von Schellendorf vom Juli 1890 – da war dieser Generalintendant des Weimarer Hoftheaters –, in dem es um die sängerischen Qualitäten eines „Frl. de Ahna" geht,[25] die Strauss im Sommer in Bayreuth kennen gelernt hatte, im gleichen Jahr an die Weimarer Hofoper verpflichtete und 1894, da war er königlicher Kapellmeister in München, heiratete.

[22] Zur Geschichte der Sammlung s.u.
[23] Vgl. Schmieder (1961), S. 163–165.
[24] Richard Strauss an Maximilian Fleisch (16.2.1897), zitiert nach ebd., S. 173.
[25] Richard Strauss an Hans Bronsart von Schellendorf (1.7.1890), zitiert nach ebd., S. 167.

Pauline und Richard Strauss

Die Lieder „Mohnblumen" (op. 22/2) und „Wenn …" (op. 31/2) – beide als Musikautographen in der Sammlung – gehörten ins Repertoire von Pauline Strauss.[26] Zu den sieben in Frankfurt liegenden Musikhandschriften gehören auch eine Seite aus der Oper *Guntram* sowie der Korrekturabzug von *Till Eulenspiegels lustige Streiche* für die Ausgabe im Verlag Aibl. Die Photographien zeigen Strauss in allen Lebensaltern, im Kreise der Familie, mit anderen Künstlern; die Szenenphotos decken ebenso nahezu alle Opern ab wie die Plakate und Besetzungszettel;[27] die 13 Textbücher sind fast alle Erstdrucke. Zu den Plakaten gehören auch solche der Frankfurter Strauss-Woche im August 1927, die Manskopf sicher nicht ausgelassen hat.

[26] Zum Folgenden vgl. Kersting-Meuleman (2015), S. 87–115.
[27] Vgl. die systematische Übersicht der Szenenphotos ebd., S. 92.

Richard Strauss: „Wenn ...“ op. 31/2

Da der Intendant Clemens Krauss zeitgleich in Amerika dirigierte, bat er den Komponisten, die Leitung seiner eigenen
Opern zu übernehmen, und Strauss dirigierte an sechs Abenden *Elektra, Die Frau ohne Schatten, Salome, Der Rosenkavalier, Ariadne auf Naxos* und *Arabella*. Eigentlich waren die

Aufführungen ein großer Erfolg, nur der Kritiker der *Frankfurter Nachrichten* war unzufrieden, nicht mit dem Dirigat von Strauss, sondern mit dem Stück, das er sich anschaute: „Von den Strauss-Festspielen hörte ich mir die ‚Frau ohne Schatten' an. Sie ist nun wirklich, nach der Distanz von ein paar Jahren, erkennbar als das, was sie schien: als ein Gebilde, aus dem alles Leben entwich, das die starren Züge seines Schöpfers maskenhaft prägt [...]."[28] Der Kritiker ist kein Geringerer als Theodor W. Adorno, der auch in späteren Aufsätzen hart mit Strauss ins Gericht ging,[29] der Aufführung aber insgesamt ein hohes Niveau attestiert: „Die ganze Aufführung stand auf besonderer Höhe. Frau Gentner-Fischer als Kaiserin und Frau Spiegel als Amme boten gesanglich Außerordentliches. Und wie schön das Frankfurter Opernorchester unter Straussens Hand klang, ausspielte, sich sammelte, läßt sich schwer beschreiben."[30] Von beiden Künstlerinnen finden sich Porträts in der Sammlung Manskopf: von Gentner-Fischer 241, von Spiegel fünf. Letztere hatte die Partie der Amme aus der *Frau ohne Schatten* auf Einladung des Komponisten bereits 1926 und 1927 in Berlin gesungen.[31]

Auch die oben nicht aufgeführten 80 Strauss-Karikaturen sind ein wichtiger Bestandteil der Manskopfschen Karikaturensammlung, die weitere – bevorzugt von Berlioz, Liszt, Paganini, Wagner – umfasst. Manskopf hatte französische und deutsche Satirezeitschriften wie *La Lune*, *Le Rire* oder den *Kladderadatsch* abonniert, aber auch Zeitschriften wie *Die Jugend*, *Die Musik* oder *Lustige Blätter*. Er entnahm diesen Zeichnungen von Olaf Gulbransson, Heinrich Zille, Arpad Schmidhammer u.a., die verschiedenste Themenbereiche abdeckten.[32] Bevorzugter Angriffsbereich der Karikaturisten

---

[28] Adorno (2003), S. 115.
[29] Vgl. etwa den 1964 in der *Neuen Rundschau* publizierten Aufsatz mit dem Titel *Richard Strauss*.
[30] Adorno (2003), S. 116.
[31] Zu Magda Spiegel und ihren Auftritten in Frankfurt vgl. Becker (2003), S. 51–92.
[32] Vgl. Schlötterer-Traimer (2009).

waren *Salome, Elektra, Der Rosenkavalier* und auch noch *Ariadne auf Naxos* – letztere besonders, weil sich Librettist und Komponist genötigt sahen, eine zweite Fassung zu erstellen. Eine der gelungensten Kombinationen von Wort und Bild ist die Karikatur, die zur Frankfurter Erstaufführung dieser Oper am 14. Januar 1913 vier Tage später in der *Kleinen Presse* erschien. Sie nimmt Bezug auf die Skulptur des Bildhauers Johann Heinrich Dannecker, die sich im Privatbesitz der Familie Bethmann befand, seit 1816 in deren Museum am Friedberger Tor zu sehen war und heute zu den Beständen des Liebig-Hauses gehört: *Ariadne auf dem Panther.* Die Karikatur ersetzt den Körper des Panthers durch einen Vogelstrauß und den Kopf durch den des Komponisten.

Karikatur aus der *Kleinen Presse* vom 18.1.1913

Das dazugehörige Gedicht bezieht sich auf die Bevorzugung mythologischer Sujets durch das Autorenteam Hofmannsthal und Strauss:

> Ariadne, die zählt seit geraumen Zeiten,
> Zu den Frankfurter Sehenswürdigkeiten:
> Im Bethmannmuseum von Danneckers Hand
> Ward sie auf einen Panther gebannt.
> Doch wünschte die ruhmbegierige Dame,
> Sich längst schon eine laut're Reklame.
> Wohl strebt die edle Tochter des Minos
> Nicht nach dem Sensationsfilm des Kinos.
> Doch Bühnenerfolge erweckten den Neid ihr,
> Zu klein und zu langsam erschien ihr das Reittier,
> Sie winkte – und hopp! Kam der große Strauß
> Und trug im Carriére sie – ins Opernhaus.[33]

[33] *Kleine Presse* vom 18.1.1913.

Die Sammlung nach Manskopfs Tod

„Die Sammlung muss für alle Zeiten in Frankfurt am Main bleiben und darf nicht veräussert, verschenkt, oder sonst weggegeben werden."[1] So steht es im Schenkungsvertrag, durch den die Schwestern nach dem plötzlichen Tod Manskopfs am 2. Juli 1928 das „Friedrich Nicolaus [!] Manskopf'sche Musikhistorische Museum einschliesslich Richard Strauss Museum" unter bestimmten Auflagen der Stadt übergaben. Kaufangebote anderer Städte wurden abgelehnt.[2] Vertraglich festgehalten wurde weiterhin, dass das Museum „zur Besichtigung sowie zu wissenschaftlichen und volksbildenden Zwecken geöffnet sein" sollte, und „zwar möglichst unentgeltlich, wie dies zu Lebzeiten des Herrn Nicolaus Manskopf bereits der Fall war".[3] Untergebracht wurde es dann nicht, wie vorgesehen, am Untermainkai 54 – das Haus war für 50.000 RM von der Stadt gekauft worden –, sondern in den Räumen der Rothschildschen Bibliothek am Untermainkai 14 und dort wurde es am 10. Mai 1930 auch feierlich eröffnet.[4] Der Wert der Sammlung läge zwischen 25.000 und 40.000 Reichsmark, heißt es in einer Anlage zum Vertragsentwurf.

Die Bibliothek war 1887 von Hannah Louise von Rothschild zum Andenken an ihren verstorbenen Vater nach dem Vorbild der englischen „Free Public Library" gegründet worden, war anfänglich in der Bethmannstraße 1 untergebracht und umfasste ca. 3.500 Titel.[5] Da sie als eine Art Volksbibliothek angelegt war, war die Benutzung kostenlos.

---

[1] Schenkungsvertrag, ISG, Sig. 1.619.
[2] Vgl. ebd.
[3] Ebd.
[4] Vgl. Städtisches Anzeigenblatt vom 17. Mai 1930; ISG, Sig. 1.619.
[5] Zum Folgenden vgl. https://www.ub.uni-frankfurt.de/judaica/vjv_01.html (13. August 2019).

Einladungskarte zur Eröffnung der neuen Präsentation
der Sammlung Manskopf in den Räumen
der Rothschildschen Bibliothek am Untermainkai

Nach dem Tod Hannah Louises 1892 errichteten deren Mutter
gemeinsam mit den Schwestern eine öffentlich-rechtliche Stiftung, um den Fortbestand der Bibliothek zu sichern.

Nach dem Tod der Mutter im Jahr 1895 zog die Bibliothek von
der Bethmannstraße an den Untermainkai 15, wo das Fami-
lienhaus der Rothschilds zu Bibliothekszwecken umgebaut
worden war; 1905 wurden die Bibliotheksräume durch den
Ankauf des Nachbarhauses erweitert. 1928, also im Todesjahr
Manskopfs, wurde die Bibliothek von der Stadt Frankfurt
übernommen und der Stadtbibliothek angegliedert, blieb aber
in den Räumen am Untermainkai.

Dabei bildeten die Bereiche Musik und Theater nicht von
Anbeginn den Sammelschwerpunkt der Rothschildschen Bib-
liothek, sondern kamen in Laufe der Jahre hinzu. Nur ein
kleiner Bestand stammte aus dem Besitz von Mitgliedern der
Familie. Seit 1891 kamen Ankäufe und Schenkungen hinzu.
Im Jahr 1900 erwarb die Bibliothek mit Sondermitteln die

Nachlässe zweier Musikwissenschaftler, und zwar Karl von Jans und Henrich Henkels. Der letztere war nicht nur Pianist und Musiklehrer in Frankfurt, sondern hatte auch eine umfangreiche musikwissenschaftliche Bibliothek. Der Nachlass des in Frankfurt geborenen Komponisten Ferdinand Hiller kam in den Jahren 1901–1905 hinzu, der Wilhelm Hills 1907. Neben ihren eigenen Werken umfasste vor allem Hills Nachlass bedeutende Notendrucke des 19. Jahrhunderts. Der Sänger Julius Stockhausen übergab „159 Bände mit wertvollen Drucken, darunter eine Denkmäler Ausgabe, die alte Palestrina-Gesamtausgabe und eine Reihe seltener Publikationen des 18. Jahrhunderts".[6]

Besser hätte es Manskopfs Sammlung also kaum treffen können, doch nahm das Interesse an den Museumsbeständen schnell ab. Versuche der Wiederbelebung hatten kaum Erfolg und waren immer an das Engagement Einzelner geknüpft. Im Jahr 1932 Jahre stellte Kathi Meyer eine Ausstellung unter dem Titel „Musik der Goethezeit" zusammen, die jedoch wenig erfolgreich war.

Am 30. Dezember 1933 schließlich wurde die Bibliothek umbenannt und hieß jetzt „Bibliothek für neuere Sprachen und Musik (Freiherrlich Carl von Rothschildsche Bibliothek)", wobei der Zusatz 1935 gestrichen wurde. Die Umbenennung ging zurück auf Joachim Kirchner, einen überzeugten Nationalsozialisten, beauftragt mit der ‚Säuberung' der städtischen Büchereien, der seit 1928 Abteilungsdirektor an der Rothschildschen Bibliothek war.

Im April 1934 berichtet der *Frankfurter Generalanzeiger* von „Frankfurts neue[m] Musik-Museum" und einer „Neuorganisation von Grund auf und mit einer beträchtlichen Erweiterung des alten Materials".[7] Die Räume seien neugestaltet und umgruppiert worden. Das Museum habe jetzt folgende Zweckbestimmung, und zwar „bei der musikstudierenden

[6] Schaefer (1988), S. 131.
[7] *Frankfurter Generalanzeiger* vom 10.4.1934.

Jugend und dem musiktreibenden Jungvolk Interesse für kulturelle Dinge zu wecken".[8]

Museumsräume in den 1930er Jahren

Eröffnet wurde das ‚neue' Museum mit einer von zwei Studenten der Musikwissenschaft, Albert Richard Mohr und Hanswilly Schweizer, kuratierten Ausstellung, die sich primär mit dem Frankfurter Musikleben beschäftigte. Der Eintritt war immer noch unentgeltlich, nur dass die Adresse damals bereits „Hermann-Göring-Ufer 14" lautete. Zeitungsartikel, in denen über die Ausstellungen berichtet wird, werden in den 1930er

[8] Ebd.

Jahren bevorzugt von den Ausstellungsmachern selbst geschrieben, also von Kirchner oder Mohr.[9] Die Tendenz, sich seit Mitte der 1930er Jahre auf Nationales bzw. Lokales zu beziehen – die Ausstellungen befassen sich mit Frankfurter Komponisten und der Geschichte der Frankfurter Oper –, ist nicht mehr zu leugnen. Von der ehemals internationalen Ausrichtung des Museums unter der Leitung Manskopfs ist wenig übrig.

Im Jahr 1936 wurde der Sammelauftrag des Manskopfschen Museums ausgedehnt, und zwar auf Quellen und Dokumente zur Theatergeschichte des Rhein-Main-Gebietes. Das neue Theatermuseum bekam einen neuen Namen: „Manskopfsches Museum für Musik- und Theatergeschichte" und wurde 1943 noch dahingehend erweitert, dass auch die Städtischen Bühnen „wertvolle Erinnerungsstücke" aus ihrem Besitz dem Museum für Ausstellungszwecke zur Verfügung stellten.[10] In einem Artikel Kirchners aus dem Jahr 1938, der die Neuausrichtung erläutert, sind nationalistische Töne nicht überhörbar – die laufende Ausstellung beschäftigt sich zudem mit der Geschichte des deutschen Volkliedes. Abgebildet sind ausschließlich deutsche Musiker. Zur „Verlebendigung des Sammlungsgutes" tritt nicht nur das Studentenorchester der Goethe-Universität auf, sondern auch die Sing- und Spielschar der Hitlerjugend.[11]

Im Zuge des Zweiten Weltkriegs wurde die „Bibliothek für neuere Sprachen und Musik" 1943/44 nach Mitwitz in Oberfranken ausgelagert, überstand diesen nahezu unbeschadet

---

[9] Am 29. November 1936 wird eine Ausstellung mit dem Titel „Der Humor in der Musik" eröffnet, die wieder vom Frankfurter Musikwissenschaftler Albert Richard Mohr konzipiert worden war, der darüber auch in der *Frankfurter Wochenschau* ausführlich berichten darf. Vgl. Mohr (1937), S. 25.

[10] Zitiert nach Schaefer (1988), S. 137.

[11] Kirchner (1938), S. 151. In der gleichen Ausgabe ist noch eine reichlich sentimentale Erzählung Hans Gäfgens abgedruckt mit dem Titel *Der alte Schirm*. Es geht um Manskopfs Neffen Peter und einen Regenschirm Beethovens. Vgl. Gäfgen (1938).

und wurde 1946 als eigene Musik- und Theaterabteilung der Stadt- und Universitätsbibliothek eingegliedert. „Damit wurden die gewachsenen Bestände der Rothschildschen Bibliothek, der Stadtbibliothek, des Manskopfschen Museums und einige weitere Sammlungen in einer Spezialabteilung zusammengeführt und nach wissenschaftlichen Grundsätzen erschlossen".[12]

Doch sah der Bibliotheksalltag nach dem Zweiten Weltkrieg erst einmal und für längere Zeit anders aus: Die beiden Häuser Untermainkai 14 und 15, in denen die Bibliothek früher untergebracht war, waren zwar nutzbar, vorerst aber der Verwaltung vorbehalten. Die Bibliotheksbestände, die einstmals in einem der modernsten und am besten ausgerüsteten Gebäude Frankfurts untergebracht waren – voll elektrifiziert und ausgestattet mit großzügigen Lesesälen, einer Niederdruckheizung, einem Bücherlastenaufzug und einem neuartigen Regalsystem –, lagerten in einem Bunker in der Friedberger Anlage unter miserabelsten Bedingungen:

[A]lles wurde in Gängen, Stockwerken, jedem freien Winkel, auch auf den Treppen abgelagert, hineingestopft, aufgetürmt. Es fehlte dort tatsächlich alles, was auch nur irgendwie vernünftige Arbeitsmöglichkeiten erlaubte, geschweige denn erleichterte; es fehlte neben dem notwendigen Handwerkszeug das Holz für die Regale, die Nägel, um die Gestelle zu zimmern: das Ganze ein riesiger Zementbau, auf dem Grundstück der ehemaligen Synagoge in der Friedberger Anlage errichtet, mit drei Stockwerken und größeren Einzelräumen, geplant für Hunderte von Schutzsuchenden, ohne ein einziges Fenster, nur mit winzigen Luftspalten je Raum und ohne elektrische Lichtleitungen.[13]

Ein größerer Lesesaal mit einer Handbibliothek und einer Zeitschriftenauslage konnte am Untermainkai erst Ende der 1950er Jahre wiedereröffnet werden.

[12] Schaefer (1988), S. 123.
[13] Binder (1984), S. 221.

1964 zog die Musik- und Theatersammlung dann in das neue Bibliotheksgebäude am Campus Bockenheim um. Im Lesesaal Spezialsammlungen hängt ein Porträt von Friedrich Nicolas Manskopf – so weit oben, dass man kaum den Namen des Porträtierten lesen kann.

Friedrich Nicolas Manskopf

Manskopf heute

Manskopf ist heute mehr als seine Sammlung. Im Kalliope-Verbundskatalog, in dem Nachlässe, Autographen und Verlagsarchive verzeichnet sind, finden sich 1.056 Treffer für den Eintrag „Friedrich Nicolas Manskopf". Es handelt sich dabei mehrheitlich um den Nachweis von Briefen von und an Manskopf, darunter solche von Maria Jeritza und Elisabeth Rethberg, Ferruccio Busoni und Max Bruch, Hermann Abendroth und Fritz Busch, Oscar Bie und Paul Bekker, Siegfried und Winifred Wagner. Ein Großteil befindet sich in der Frankfurter Universitätsbibliothek.

Dort findet sich auch eine Kapsel (Mus S 6, Kapsel 4) mit Photos der Manskopfschen Museumsräume, ausgewählten Faksimiles von Briefen und Musikhandschriften, Porträt-Photos sowie einem Briefkopierbuch Manskopfs (Mus S 6, Kapsel 1) aus der Zeit von 1889–1890 mit Briefen u. a. an Robert und Hans Pfitzner.

Museumsakten existieren für die Jahre 1909–1919. Manskopfs Sammeltätigkeit ist damit immerhin für diese Zeit (lückenhaft) dokumentiert. So schreibt er Briefe an Opernhäuser und Verlage mit der Bitte um Besetzungszettel, Plakate und Aufführungsstatistiken. Anderes wird ihm angeboten bzw. geschickt. Wenige Beispiel müssen genügen: Systematisch erweitert er seit 1914 seine Strauss-Sammlung, dafür bittet er den Adolph Fürstner Musikverlag um Unterstützung bei der Vervollständigung seiner Aufführungsstatistik der Opern *Guntram, Feuersnot, Salome, Elektra, Der Rosenkavalier* und *Ariadne auf Naxos*, also aller bis zu diesem Zeitpunkt uraufgeführten Werke für das Musiktheater. Als die Zeitungen melden, dass Manskopf ein eigenes Richard Strauss-Museum eröffnen möchte, bietet ihm die Künstlerin Dora Arnd-Raschid an, ein aktuelles Porträt des Komponisten anzufertigen.[1]

---

[1] Vgl. Dora Arnd-Raschid an Friedrich Nicolas Manskopf (18.6.1914), UB Ffm Manskopf Museumsakten 1913–1914.

Quellen und Literatur zu Manskopf liegen auch im Frankfurter Institut für Stadtgeschichte im Karmeliterkloster. Neben den Magistratsakten, das Museum bzw. dessen Unterbringung in der Rothschild-Bibliothek betreffend, befinden sich dort die Nachlässe Heimpel und Schmidt-Scharff. August Heimpel heiratete in die Familie Manskopf ein und publizierte 1903 einen Stammbaum der Manskopfs, Wolfgang Schmidt-Scharff war mit einer Schwester Friedrich Nicolas' verheiratet und schrieb den mehrfach zitierten Lebenslauf. Ein Ordner aus dem Nachlass Albert Richard Mohrs enthält Zeitungsartikel über Manskopf und sein Museum, Photos von Musikinstrumenten aus der Sammlung sowie Manuskripte zu Reden und Aufsätzen von Mohr und Otfried Büthe.[2]

Die eigentliche Sammlung Manskopf umfasst heute Theater- und Konzertprogramme, Konzert- und Theaterplakate, Opernlibretti des 18.–20. Jahrhunderts, Ölgemälde, Memorabilien, Musikhandschriften, Musikdrucke, Briefautographen von Musikern und Schauspielern, Musikbücher sowie eine bedeutende Porträtsammlung.

Und jetzt folgen ein paar beeindruckende Zahlen:

Allein rund 4.500 Konzertprogrammzettel umfasst die Sammlung aus Städten in ganz Europa und den USA, bevorzugt aus Berlin (20 Kapseln, 1887–1942), Leipzig (8 Kapseln, 1766–1940), London (16 Kapseln, 1874–1922) und New York (9 Kapseln, 1896–1928).[3] Darunter sind Raritäten wie Programme zur Tafelmusik am Königlich-Sächsischen Hof in Schloss Pillnitz bei Dresden aus der Zeit um 1820, damit ließe sich aber auch eine Geschichte der Konzertprogramme schreiben, die zeigen würde, wie sich die Programmgestaltung öffentlicher Konzerte im Laufe der Jahre verändert hat.

---

[2] Vgl. ISG Nachlässe S1/ 384 Nr. 19.
[3] Vgl. https://www.ub.uni-frankfurt.de/musik/konzertprogramme.html (13. August 2019). Die Sammlung wurde, wie oben bereits erwähnt, nach dem Tod Manskopfs weiter ergänzt und hat die Signatur: Mus S 35 Konzertprogramme der Sammlung F.N. Manskopf.

Die Plakatsammlung setzt sich aus ca. 1.400 Einheiten aus der Zeit von 1840 bis 1940 zusammen. Den Schwerpunkt bildet die deutsche und französische Oper des 19. und beginnenden 20. Jahrhunderts. Höhepunkte sind die über 300 französischen Farblithographien aus den Jahren 1885 bis 1895 von Graphikern wie Cheret, Charles Lucas und André Sinet, die auf Veranstaltungen an verschiedenen Theatern wie dem Hippodrome, dem Théâtre des Bouffes Parisiens, dem Théâtre de l'Opéra und dem Eden-Théâtre hinweisen.[4]

Die Librettosammlung umfasst 2.328 Titel aus den Jahren 1710 bis 1944. Einem provisorisch abgefassten Sonderkatalog ist zu entnehmen, dass 102 Libretti aus dem 18. Jahrhundert, 1.009 aus dem 19. Jahrhundert und 303 aus dem 20. Jahrhundert stammen, 914 Titel sind undatiert.[5] Die meisten wurden in Deutschland gedruckt, Schwerpunkte bilden das italienische, französische und deutsche Repertoire. Hervorzuheben ist aus regionalpatriotischer Sicht das Libretto zu Christoph Graupners Pastorale *Adonis* (Darmstadt 1718).[6] Librettodrucke, die früher meist an konkrete Aufführungen gebunden waren, sind wichtige Quellen, die Hinweise auf die szenische Umsetzung, Veränderungen der textlichen Gestalt und die Sängerbesetzung geben.

Gemälde und Memorabilien bilden nur einen kleinen Teil der Sammlung, der durch Kriegsschäden zusätzlich dezimiert worden ist. Dazu gehören Ölbilder von Musikern, kleine Büsten, Plaketten, Medaillen und die oben ebenfalls erwähnten Kuriosa wie Wasserkannen, Regenschirme und Locken.[7]

[4] Vgl. https://www.ub.uni-frankfurt.de/musik/plakate.html (13. August 2019). Sig.: Mus S 28 Plakatsammlung Manskopf.

[5] Vgl. Schaefer (1992), S. 150f.

[6] Vgl. https://www.ub.uni-frankfurt.de/musik/libretti.html (13. August 2019). Sig.: Sg.Mansk.Mus II 180/.

[7] Vgl. Schaefer (1978), S. 41. Einige der Gemälde und der musealen Gegenstände sind im Verbundkatalog RIdIM verzeichnet: http://www.ridim-deutschland.de (13. August 2019).

Etwa 500 Musikhandschriften aus dem 17.–20. Jahrhundert gehören ebenfalls zur Sammlung. Ca. 30 stammen aus dem 17. bzw. 18. Jahrhundert, darunter Werke von Dietrich Buxtehude, Johann Sebastian Bach und Georg Philipp Telemann. Der weitaus größere Teil sind Manuskripte aus dem 19. und frühen 20. Jahrhundert von Komponisten wie Robert Schumann, Franz Liszt, Richard Wagner und Richard Strauss.[8] Ein Prunkstück der Sammlung ist die autographe Partitur von Jacques Offenbachs Oper *Die Rheinnixen*, die 1864 in Wien uraufgeführt wurde.

Zu den 300 Musikdrucken, die Manskopf zusammengetragen hat, ohne einzelne Komponisten zu favorisieren, gehören so bedeutende Werke wie Mozarts Violinsonaten KV 301–306, Beethovens Streichquartett op. 131 sowie Lieder Franz Schuberts.[9]

Ungefähr 10.000 Briefautographe von Komponisten, Musikern und Schauspielern des 17.–20. Jahrhunderts umfasst die Sammlung, wobei auch hier der Schwerpunkt auf dem 19. und 20. Jahrhundert liegt. Zu den bekanntesten Briefschreibern gehören Beethoven, Mendelssohn Bartholdy, Berlioz, Schumann, Brahms und Wagner.[10]

Der Buchbestand umfasst 615 Titel. Schwerpunkte der Bücher aus der Zeit des 18. –20. Jahrhunderts bilden die Musik- und Operngeschichte sowie Biographien von Komponisten und Musikern.[11]

Die 40.000 Bildnisse der Porträtsammlung Manskopfs lassen sich in vier Teile gliedern, von denen zwei mittlerweile als Digitalisate zur Verfügung stehen, und zwar die rund 12.500 Photographien aus der Zeit von ca. 1860 bis 1944, die auch nach Manskopfs Tod noch ergänzt wurden, und die 4.900

---

[8] Vgl. Schaefer (1978), S. 35. Alte Musikhandschriften (bis ca. 1820) und Musikdrucke sind im Verbundkatalog RISM nachgewiesen: https://opac.rism.info/index.php?id=4 (13. August 2019).
[9] Vgl. Schaefer (1978), S. 35.
[10] Vgl. ebd., S. 37.
[11] Vgl. Schaefer (1992), S. 150.

Druckgraphiken aus der Zeit von 1550 bis ca. 1920.[12] Die rund 1.000 Karikaturen und 20.000 Porträtproduktionen aus Zeitungen und Zeitschriften sind nicht digitalisiert.[13]

Manskopfs Sammlung „wird mangels musealer Räumlichkeiten als Archiv geführt",[14] heißt es in einem Bericht zur Digitalisierung seiner Porträtsammlung. Das mag bedauerlich sein, aber immerhin gibt es überhaupt noch eine Sammlung Manskopf in Frankfurt. Die anderen beiden großen Sammlungen, diejenigen von Paul Hirsch und Louis Koch, sind im Ausland. Hirsch emigrierte 1936 nach England und schaffte seine Musikbibliothek, die bis heute als in sich geschlossener Bestand („Paul Hirsch Collection") in der British Library in London erhalten geblieben ist, rechtzeitig außer Landes. Kochs Musikautographensammlung befand sich zumindest im Jahr 1968 in Basel.[15] Ihr heutiger Standort ist unbekannt.

[12] Vgl. https://sammlungen.ub.uni-frankfurt.de/manskopf (13. August 2019).
[13] Vgl. Kersting-Meuleman (2004), S. 180.
[14] Ebd., S. 181.
[15] In das Exemplar des Katalogs der Kochschen Autographensammlung von Georg Kinsky, das sich in der Universitätsbibliothek (Sig. HB 20 D 340) befindet, ist ein maschinenschriftlicher Zettel aus dem Jahr 1968 eingeklebt, auf dem Hinweise von Albert Richard Mohr zum Verbleib der Sammlung vermerkt sind. Vgl. Kinsky (1953).

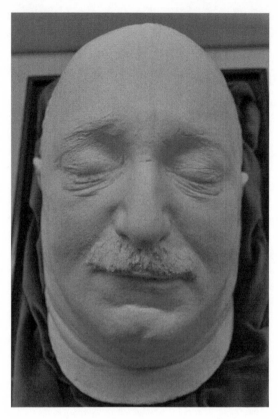

Totenmaske von Friedrich Nicolas Manskopf

Quellen und Literatur

Adorno, Theodor W.:
Frankfurter Opern- und Konzertkritiken. Oktober 1927, in:
Ders.: Musikalische Schriften VI, Frankfurt am Main 2003 (=
Gesammelte Schriften, Bd. 19), S. 115–116

Adreßbuch
für Frankfurt am Main, Frankfurt am Main 1905–1924

Amtliches
Frankfurter Adressbuch, Frankfurt am Main 1925–1939

Bach, L. Emile:
Irmengarda. Grand'opera in due atti, London 1892

Becker, Claudia:
Magda Spiegel. Biographie einer Frankfurter Opernsängerin
1887–1944, Frankfurt am Main 2003 (= Studien zur Frankfurter Geschichte, Bd. 52)

Berlioz, Hector:
Memoiren, hrsg. von Wolf Rosenberg, Königstein/Ts. 1985

Binder, Johanna:
Die Stadtbibliothek 1939-1950, in: Klaus-Dieter Lehmann
(Hg.): Bibliotheca Publica Francofurtensis. Fünfhundert
Jahre Stadt- und Universitätsbibliothek Frankfurt am Main.
Textband, Frankfurt am Main 1984, S. 205–226

Büthe, Otfried:
Kann man Musik und Theater sammeln? Zum hundertsten
Geburtstag von Friedrich Nicolas Manskopf am 15. April
1969, in: Frankfurter Allgemeine Zeitung vom 25.4.1969, S.
47

Büthe, Otfried:
Sammeln um zu lehren (pädagogisch-methodische Fragen anlässlich von achtzig Jahren Wirksamkeit des F. N. Manskopfschen Museums für Musik- und Theatergeschichte, 1890–1970) [maschinenschriftlich]

Claar, Emil:
Fünfzig Jahre Theater. Bilder aus meinem Leben, Frankfurt am Main 1926

Didion, Robert / Schlichte, Joachim:
Thematischer Katalog der Opernsammlung in der Stadt- und Universitätsbibliothek Frankfurt am Main (Signaturengruppe Mus Hs Opern), Frankfurt am Main 1990 (= Kataloge der Stadt- und Universitätsbibliothek Frankfurt am Main, Bd. 9)

Dietz, Alexander:
Die Weinhändlerfamilie Manskopf. 1728-1928, in: Alt Frankfurt NF 1 (1928), S. 98–99

Droste, Carlos:
Wanderungen durch das Musikhistorische Museum von Fr. Nicolas Manskopf zu Frankfurt a.M., in: Frankfurter Musik- und Theaterzeitung vom 21.12.1907, S. 1–3

Fischer, Jens Malte:
Singende Recken und blitzende Schwerter. Die Mittelalteroper neben und nach Wagner – ein Überblick, in: Peter Wapnewski (Hg.): Mittelalterrezeption, Stuttgart 1986, S. 511–530

Fischer, Jens Malte:
Im Schatten Wagners. Aporien und Auswege der nachwagnerschen Opernentwicklung, in: Udo Bermbach (Hg.): Oper im 20. Jahrhundert. Entwicklungstendenzen und Komponisten, Stuttgart/Weimar 2000, S. 28–49

Fluhrer, Wilhelm:
Der Frankfurter Liederkranz 1828 bis 1928. Ein Ausschnitt aus der Frankfurter und der deutschen Kulturgeschichte, Frankfurt am Main 1928

Gäfgen, Hans:
Der alte Schirm, in: Frankfurter Wochenschau (1938), Heft 13, S. 145

Gier, Albert:
„... daß Paris der eigentliche Boden für Wagner ist" – Wagner-Aufführungen im Palais Garnier von 1891 bis etwa 1970, in: Arne Stollberg u.a. (Hg.): Gefühlskraftwerke für Patrioten? Wagner und das Musiktheater zwischen Nationalismus und Globalisierung, Würzburg 2017, S. 373–390

Goebel, Daniela:
Die Musikreferate Engelbert Humperdincks, 2 Bde., Hamburg 2015

Hausegger, Friedrich von:
Richard Wagner und Grétry, in: Neue Zeitschrift für Musik vom 12.3.1886, S. 113–114; 19.3.1886, S. 125–126

Heimpel, August:
Stammbaum der Familie Manskopf zu Frankfurt am Main 1704–1903, Frankfurt am Main 1903

Hock, Sabine:
Malss, Carl, in: Frankfurter Personenlexikon (Onlineausgabe), http://frankfurter-personenlexikon.de/node/432 (13. August 2019)

Hock, Sabine:
Manskopf, Familie, in: Frankfurter Personenlexikon (Online-ausgabe), http://frankfurter-personenlexikon.de/node/441 (13. August 2019)

Hock, Sabine:
Manskopf, Gustav, in: Frankfurter Personenlexikon (Online-ausgabe), http://frankfurter-personenlexikon.de/node/442 (13. August 2019)

Hoffmann, Hilmar / Lehmann, Klaus-Dieter:
Vorwort, in: Friedrich Nicolas Manskopf. 1869–1928. Ausstellung der Stadt- und Universitätsbibliothek Frankfurt am Main 31. August bis 6. Oktober 1978, hrsg. mit Unterstützung des Kulturdezernats der Stadt Frankfurt am Main, Frankfurt am Main 1978, S. 5–6

Kahse, Georg Otto:
Das musikhistorische Museum von Nicolas Manskopf zu Frankfurt am Main, in: Musikalische Rundschau 1 (1913), Heft 4, S. 23–25

Kersting-Meuleman, Ann:
Die Porträtsammlung Friedrich Nicolas Manskopf in der Stadt- und Universitätsbibliothek Frankfurt am Main, in: Forum Musikbibliothek 25 (2004), Heft 2, S. 180–187

Kersting-Meuleman, Ann:
Richard Strauss in Frankfurt am Main und die Frankfurter Museums-Gesellschaft, in: Christian Thorau u.a. (Hg.): Musik – Bürger – Stadt. Konzertleben und musikalisches Hören im historischen Wandel. 200 Jahre Frankfurter Museums-Gesellschaft, Regensburg 2011, S. 43–74

Kersting-Meuleman, Ann:
Richard Strauss und die Frankfurter Oper, in: Norbert Abels
u.a.: Richard Strauss – (k)ein Heldenleben. Spuren des Komponisten in Frankfurt am Main, Frankfurt am Main 2015 (=
Frankfurter Bibliotheksschriften, Bd. 17), S. 27–34

Kersting-Meuleman, Ann:
Richard Strauss-Dokumente im Manskopfschen Musikhistorischen Museum, in: Norbert Abels u. a.: Richard Strauss –
(k)ein Heldenleben. Spuren des Komponisten in Frankfurt
am Main, Frankfurt am Main 2015 (= Frankfurter Bibliotheksschriften, Bd. 17), S. 79–115

Kienzle, Ulrike:
Neue Töne braucht das Land. Die Frankfurter Mozart-Stif-
tung im Wandel der Geschichte (1838–2013), Frankfurt am
Main 2013 (= Mäzene, Stifter, Stadtkultur, Bd. 10)

Kinsky, Georg:
Manuskripte – Briefe – Dokumente von Scarlatti bis Stravin-
sky. Katalog der Musikautographen-Sammlung von Louis
Koch, Stuttgart 1953

Kirchner, J[oachim:]
Die museale Pflege der Musik- und Theatergeschichte in
Frankfurt am Main, in: Frankfurter Wochenschau (1938),
Heft 13, S. 150–151

[Die] Lyra.
Wiener allgemeine Zeitung für die literarische und musika-
lische Welt [später: Allgemeine deutsche Kunstzeitschrift für
Musik und Dichtung], Leipzig/Wien 1877 ff.

Mann, Heinrich:
Der Untertan. Roman, München [28]1985 (= dtv 256)

[Manskopf, Friedrich Nicolas:]
Das musikhistorische Museum von Nicolas Manskopf. Frankfurt a.M. [Sammlung von deutschen, französischen und englischen Zeitungsberichten über das Museum aus den Jahren 1894–1902] [Frankfurt am Main ca. 1903]

Manskopf, Nicolas:
Anregungen und Wünsche über Neuordnung der Theaterverhältnisse der alten Krönungs-, Goethe- und Königlichen Universitätsstadt Frankfurt am Main, Frankfurt am Main 1915 [Privatdruck]

[Manskopf, Friedrich Nicolas:]
Friedrich Nicolas Manskopf. 1869–1928. Ausstellung der Stadt- und Universitätsbibliothek Frankfurt am Main 31. August bis 6. Oktober 1978, hrsg. mit Unterstützung des Kulturdezernats der Stadt Frankfurt am Main, Frankfurt am Main 1978

Massar, Kathrin:
Die Musikbibliothek Paul Hirsch, in: Archiv für Frankfurts Geschichte und Kunst 71 (2008), S. 125–136

Meister, Wilhelm:
Das musikhistorische Museum von Nicolas Manskopf zu Frankfurt a.M. und seine Bedeutung für die musikalische Erziehung der Jugend, in: Mitteilungen aus dem Frankfurter Schulmuseum 4 (1920), Heft 4/5, S. 1–4

Meyer, Kathi:
Katalog der Internationalen Ausstellung „Musik im Leben der Völker". Frankfurt am Main 11. Juni–28. August 1927, Frankfurt am Main [1927]

Mohr, Albert Richard:
Auf musikalischer Entdeckungsreise, in: Frankfurter
Wochenschau vom 17.1.1937, S. 25–30

Mohr, Albert Richard:
Musikleben in Frankfurt am Main. Ein Beitrag zur Musik-
geschichte vom 11. bis zum 20. Jahrhundert, Frankfurt am
Main 1976

Mohr, Albert Richard:
Friedrich Nicolas Manskopf zu seinem 50. Todestag. Vortrag
zur Eröffnung der Ausstellung, in: Friedrich Nicolas Manskopf. 1869–1928. Ausstellung der Stadt- und Universitätsbibliothek Frankfurt am Main 31. August bis 6. Oktober 1978,
hrsg. mit Unterstützung des Kulturdezernats der Stadt Frankfurt am Main, Frankfurt am Main 1978, S. 7–27

Müller, Bruno:
Stiftungen in Frankfurt am Main. Geschichte und Wirkung,
neubearbeitet und fortgesetzt von Hans-Otto Schembs,
Frankfurt am Main 2006 (= Mäzene, Stifter, Stadtkultur, Bd. 7)

Nagel. W.:
Das Fr. Nicolas Manskopfsche musikhistorische Museum zu
Frankfurt a.M., in: Neue Musikzeitung 37 (1916), Heft 12,
S. 178–179

Petzet, Walter:
André Ernest Modeste Grétry, in: Signale für die musikalische Welt vom 24.9.1913, S. 1382–1383

Rodmell, Paul:
Opera in the British Isles, 1875–1918, London/New York
2016

Schaefer, Hartmut:
Das „Musikhistorische Museum" von Friedrich Manskopf. Zum Inhalt und Aufbau der Ausstellung, in: Friedrich Nicolas Manskopf. 1869–1928. Ausstellung der Stadt- und Universitätsbibliothek Frankfurt am Main 31. August bis 6. Oktober 1978, hrsg. mit Unterstützung des Kulturdezernats der Stadt Frankfurt am Main, Frankfurt am Main 1978, S. 29–41

Schaefer, Hartmut:
Die Musik- und Theaterbestände der Rothschildschen Bibliothek und des Manskopfschen Musikhistorischen Museums, in: Gesellschaft der Freunde der Stadt-und Universitätsbibliothek Frankfurt am Main e.V. (Hg.): Die Rothschild'sche Bibliothek in Frankfurt am Main, Frankfurt am Main 1988 (= Frankfurter Bibliotheksschriften, Bd. 2), S. 123–143

Schaefer, Hartmut:
Hessen – Frankfurt (Main) I – Stadt- und Universitätsbibliothek. Musik und Theater, in: Berndt Dugall (Hg.): Handbuch der historischen Buchbestände in Deutschland, Bd. 5, Hildesheim u. a. 1992, S. 148–150

Schimpf, Gudrun-Christine:
Geld Macht Kultur. Kulturpolitik in Frankfurt am Main zwischen Mäzenatentum und öffentlicher Finanzierung 1866–1933, Frankfurt am Main 2007 (= Studien zur Frankfurter Geschichte, Bd. 55)

Schlötterer-Traimer, Roswitha:
Einleitung, in: Richard Strauss. Sein Leben und Werk im Spiegel der zeitgenössischen Karikatur. Ausgewählt und kommentiert von ders., Mainz u. a. 2009 (= Veröffentlichungen der Richard-Strauss-Gesellschaft, Bd. 20), S. 8–14

Schmidt-Scharff, Wolfgang:
Friedrich Nicolas Manskopf, [Frankfurt am Main 1967]

Schmieder, Wolfgang:
57 unveröffentlichte Briefe und Karten von Richard Strauss in der Stadt- und Universitätsbibliothek Frankfurt/Main, in: Lothar Hoffmann-Erbrecht / Helmut Hucke (Hg.): Festschrift für Helmuth Osthoff zum 65. Geburtstage, Tutzing 1961, S. 163–179

Schott, Georg:
Zwei Stunden im Musikmuseum! Ein Besuch des Musikhistorischen Museums von Nicolas Manskopf, in: Frankfurter Zeitung vom 3.5.1924

Seitter, Wolfgang:
Volksbildung als Teilhabe. Die Sozialgeschichte des Frankfurter Ausschusses für Volksvorlesungen 1890–1920, Frankfurt am Main u. a. 1990 (= Studien zur Erwachsenenbildung, Bd. 4)

Signale
für die musikalische Welt, Berlin/Leipzig 1843 ff.

Strauss, Richard:
Sein Leben und Werk im Spiegel der zeitgenössischen Karikatur. Ausgewählt und kommentiert von Roswitha Schlötterer-Traimer, Mainz u. a. 2009 (= Veröffentlichungen der Richard-Strauss-Gesellschaft, Bd. 20)

Vorlesungsverzeichnis
der Universität Frankfurt a.M. Sommerhalbjahr 1915, Frankfurt am Main [1915]

Zeitschrift
für Musikwissenschaft, Leipzig 1918 ff.

Ziemer, Hansjakob:
„Musik im Leben der Völker". Musik und Gesellschaft in
Frankfurt am Main um 1927, in: Archiv für Frankfurts
Geschichte und Kunst 71 (2008), S. 111–124

Internetquellen:

http://www.ridim-deutschland.de (13. August 2019)

http://www.fbfv.de/1_1.html (13. August 2019)

https://opac.rism.info/index.php?id=4 (13. August 2019)

https://sammlung.staedelmuseum.de/de/werk/bildnis-des-
frankfurter-bankiers-johann-georg-leerse (13. August
2019)

https://sammlungen.ub.uni-frankfurt.de/manskopf
(13. August 2019)

https://www.stadtgeschichte-ffm.de/de/info-und-service/
frankfurter-geschichte/stadtchronik (13. August 2019).

https://www.ub.uni-frankfurt.de/judaica/vjv_01.html
(13. August 2019)

https://www.ub.uni-frankfurt.de/musik/konzertpro
gramme.html (13. August 2019)

https://www.ub.uni-frankfurt.de/musik/libretti.html
(13. August 2019)

https://www.ub.uni-frankfurt.de/musik/musikvereinigun
gen_literatur.html (13. August 2019).

https://www.ub.uni-frankfurt.de/musik/plakate.html
(13. August 2019)

Bildnachweis

Seiten 5, 12, 15, 16, 20, 24, 31, 41, 44, 49, 51, 56, 59, 61, 64, 70, 74, 80, 81, 83, 88, 91, 98
Aus Beständen der Universitätsbibliothek Johann Christian Senckenberg, Frankfurt am Main

Seite 8
Haus Lichtenstein. Foto: Carl Abt, ca. 1910

Seite 9
Herkules-Brunnen im Innenhof des „Hauses zum Römer" (Rathaus), Frankfurt am Main. Foto: Hajotthu, 2017
Quelle: https://de.m.wikipedia.org/wiki/Datei:Herkules-Brunnen_@Frankfurt_a.M.20170821.JPG
Lizenziert unter CC BY-SA 3.0 (https://creativecom mons.org/licenses/by-sa/3.0/deed.de
(26. September 2019)

Seite 17
Foto von Britta Stallmeister

Seite 86
Aus Beständen des Instituts für Stadtgeschichte im Karmeliterkloster Frankfurt am Main

Abkürzungsverzeichnis

ISG   Institut für Stadtgeschichte Frankfurt

RIdIM   Repertoire International d'Iconographie Musicale

RISM   Repertoire International des Sources Musicales

Sig.   Signatur

Slg. Mans.   Sammlung Manskopf

UB   Universitätsbibliothek Johann Christian Sencken-
             berg